政协恩施州委员会 | 丛书编著

恩施州传统村落
历史文化丛书

利川市传统村落

政协恩施州委员会
政协利川市委员会 编著

华中科技大学出版社
http://www.hustp.com
中国·武汉

内 容 简 介

为促进恩施州传统村落保护，弘扬民族优秀传统文化，助推乡村振兴，政协恩施州委员会组织编纂了"恩施州传统村落历史文化丛书"。《利川市传统村落》作为丛书中的一本，详细记述了利川市传统村落基本情况以及村落文化遗产、自然遗产、历史事件、家族人物和传统产业。本书语言通俗易懂、简洁优美，并配以丰富的图片，兼具史料性和可读性，是研究利川市乃至恩施州民族历史文化的宝贵资料和宣传展示民族优秀传统文化的重要窗口。

图书在版编目（CIP）数据

利川市传统村落/政协恩施州委员会，政协利川市委员会编著. — 武汉：华中科技大学出版社，2021.11

（恩施州传统村落历史文化丛书）

ISBN 978-7-5680-7668-5

Ⅰ.①利… Ⅱ.①政… ②政… Ⅲ.①村落文化—介绍—利川市 Ⅳ.①K926.34

中国版本图书馆 CIP 数据核字（2021）第 224081 号

恩施州传统村落历史文化丛书·利川市传统村落   政协恩施州委员会   编著
Enshi Zhou Chuantong Cunluo Lishi Wenhua Congshu · Lichuan Shi Chuantong Cunluo   政协利川市委员会

策划编辑：	汪　杭　陈　剑
责任编辑：	汪　杭　陈　剑
封面设计：	刘　卉
责任校对：	刘　竣
责任监印：	周治超
出版发行：	华中科技大学出版社（中国·武汉）　　电话：（027）81321913
	武汉市东湖新技术开发区华工科技园　　邮编：430223
录　　排：	华中科技大学惠友文印中心
印　　刷：	湖北新华印务有限公司
开　　本：	710 mm×1000 mm　1/16
印　　张：	15
字　　数：	234 千字
版　　次：	2021 年 11 月第 1 版第 1 次印刷
定　　价：	998.00 元（共 8 册）

本书若有印装质量问题，请向出版社营销中心调换
全国免费服务热线：400-6679-118　竭诚为您服务
版权所有　侵权必究

丛书编委会

主　　任：吴建清　刘建平

常务副主任：张全榜

副 主 任：曾凡培　刘小虎　谭志满

成　　员：郑晓斌　卢智绘　曾凡忠　刘太可　黄同元
　　　　　邹玉萍　田延初　张真炎　冯晓骏　郑开显
　　　　　文　林

主　　编：张全榜

副 主 编：曾凡培　冯晓骏

特邀编审：雷翔　贺孝贵　刘刈　董祖斌　刘权

《利川市传统村落》
编委会

主　任：卢智绘

副主任：郭莉萍　肖传武　周志刚　王代轩　赵德树
　　　　　向绍红

编　委：邓乾君　崔　榕　谭再刚　吴德成

主　审：周志刚

主　编：邓乾君

总序
General Prologue

恩施州传统村落的历史与文化

一

恩施有悠久的历史，早在石器时代就有了原始人的居住聚落。秦汉以后进入溪峒时期，溪峒既是地域特征描述，也是当地的社会组织称谓，相当于当时中原的郡县。但是，溪峒时期及其以前的人群聚落，生产生活方式以"游耕"为主，渔猎采集占较大比重，没有真正形成村落。

关于恩施农耕定居模式的明确记载始于唐代，《元和郡县志》记载，施州领县二（清江、建始）"开元户三千四百七十六，乡里一十六"。这些"乡"是定居农耕人群的管理组织，这种组织机构的建立是朝廷的社区管理进入长江沿岸、清江河谷地区，以及农耕编户聚落即村落形成的间接标志。宋代《元和九域志》记载，施州编户增至"主九千三百二十三，客九千七百八十一"，共19104户。

清江县十乡,建始县五乡,还有当时属归州的巴东县有九乡。两宋时期,巴东、建始、清江三县各乡里的农耕村落,与西南"寄治山野"的羁縻州有明显的体制差异,社会组织形态也有明显差异。经制州与羁縻州之间,还设有一批军事围困防守性质的寨堡,寨丁们亦农亦军。羁縻州的下属溪峒与寨堡只是村落的前身,都不是严格意义上的农耕村落。

元、明及清初,恩施进入土司、卫所时代,只有巴东、建始二县的"乡里"仍然延续农耕村落的发展方式。原先的羁縻州与原属州县的寨堡,陆续分合形成朝廷认可的大小 30 多个土司。土司下设峒寨之外,也有部分设有"里"(农耕村落组织)。施州军民卫是明洪武后期合并施州的政权形式,保留了原有的市郭、崇宁、都亭三里,原有的农耕村落应该也有部分保留。施州卫、大田所广泛设置于今天恩施、利川、咸丰三市县的屯、堡组织,则是军垦性质的农耕聚落,明末清初逐渐转化为村落。

清朝改土归流,流官政府建立,废除了土司政权及其基层社会组织,也废除了土司所有制,包括对当地百姓的人身自由的控制和对山林土地的占有。普遍设置适合农耕定居生产生活方式的"里甲"组织,革除土司"恶俗",推行符合"礼仪"的民间制度。改土归流的政治、经济和文化改革,给恩施州农村社会带来空前的巨变,其显著特征是:原本存在于府县地区的乡里村落形式,在原本有很大差异的土司地区和卫所地区进行推广,各地村落的组织结构形态逐步趋同。这次社会变革的重要抓手是土地山林的私有化"确权"、无主荒地招垦移民和家族化浪潮。今天村落的形成大多源自这次社会变革,这也是恩施大多数现存传统村落的起点。

恩施农耕社会传统村落的繁荣始于清朝道光、同治年间。据统计测算,当时恩施州内已有二十多万户一百三十余万人[①],基本都是农业人口。传统村落数量没有进行统计,估算应该不少于一万个。譬如当时的恩施县,《恩施县志》(清同治版)记载,已有编户五万余户三十三万七千余人,分为三里二十五甲,下

---

① 恩施州志编纂委员会.恩施州志[M].武汉:湖北人民出版社,1998.

设甲长一千六百五十七名、牌头四千七百五十九名。传统村落的繁荣延续超过百年，一直到1949年中华人民共和国成立。

二

中华人民共和国成立后的土地改革以及随之而来的农业合作化、人民公社运动，颠覆性地改变了传统村落的家族性社区结构，而依附于自然环境的农耕生活模式基本没变，传统村落的外部形态基本延续。

改革开放以来，我们在主动迎接全球化浪潮以求富足强盛的同时，也丢失了许多弥足珍贵的文化遗产。社会文化转型，尤其是在改革开放以来的工业化、城市化发展浪潮中，传统村落建筑及其自然生态、传统乡村生活方式及其文化生态受到极大冲击。我们在享受工业化、现代化成果的同时，却也对蓝天白云、青山绿水和传统文化造成了损害。在反思中寻找和复兴民族优秀传统文化成为全社会的共同追求。

恩施土家族苗族自治州交通相对闭塞，其自然环境和少数民族聚居的社会文化环境，使之产生具有独特生产生活方式和历史文化特色的传统村落。加之几乎与改革开放同步的少数民族自治地方建设及其民族文化抢救保护政策，恩施遭受社会变迁的冲击较缓、较晚，部分传统村落得以保存。尤其难得的是，在部分传统村落中，仍然保存着传统的农耕生产方式和生活方式。传统的人生礼仪、时令节庆仪式，少数民族历史、村落历史和家族历史及其人物故事仍然在传诵。

恩施州传统村落及其文化，曾经得到国内外民族学、文化学学者们的高度关注和赞誉，产生了许多学术研究成果；恩施州传统村落也曾引起文化艺术工作者们的浓厚兴趣，许多优秀作品被创作出来。恩施州传统村落还得到各地"驴友"的追捧；他们远离城市的喧嚣来享受山林乡村的寂静，体验别样的少数民族文化，追寻原始文化遗迹。可见，传统村落是我们的珍贵遗产，是复兴民族优秀传统文化和乡村振兴的重要资源。

三

国家主席习近平强调,"文化自信,是更基础、更广泛、更深厚的自信"。政协恩施州委员会把民族优秀传统文化复兴当作建立文化自信的重要表现,当作恩施州社会建设的重要内容。政协恩施州委员会长期注重本地各民族历史文化资料的收集保存和整理,在完成《恩施文化简史》等历史文化研究著作的撰写、出版之后,又组织各县市政协调查、研究全州尚存的古村落,撰写"恩施州传统村落历史文化丛书"。政协恩施州委员会认为,传统村落是在农耕文化发展过程中逐步形成的,体现了一个地方的传统文化、建筑艺术以及民风民俗,凝结着历史的记忆。对传统村落历史文化的深入调查研究和整理,有着十分重要的现实意义。传统村落是宝贵的文化资源,发掘利用传统村落能为恩施州的社会发展提供坚实的文化支撑;传统村落是地方的历史记忆和社会认知,保存和整理传统村落文化能够更好地满足全州各族人民的文化需求;传统村落还是恩施各族人民适应当地环境、利用地方资源的文化成果,深入挖掘、提炼和传承传统村落文化有利于树立文化自信,更好地建设具有自身鲜明特色的繁荣自治州。

恩施州传统村落的保护工作,开始于 21 世纪初。2009 年,国家民族事务委员会与财政部开始实施少数民族特色村寨保护与发展项目,至 2019 年公示第三批中国少数民族特色村寨拟命名名单,恩施州辖内被选为"中国少数民族特色村寨"的有 49 个。2014 年,国家组织制定传统村落保护规划,在先后公布的五批中国传统村落名单中,恩施州共有 81 个村落被列入中国传统村落保护名单。恩施州曾经拥有数以万计的传统村落,其中基本保持原貌和内部结构的村落仍有上千。从 2018 年开始,政协恩施州委员会会同八县市政协一起策划、编写"恩施州传统村落历史文化丛书",上述"中国少数民族特色村寨"和"中国传统村落"是本丛书主要选录的对象(两者之间有部分重合)。丛书选录并单独编写的代表性传统村落有 98 个,非单独编写的特色村落有 83 个。其中"中国传统村落"68 个,约占据恩施州全部名录的 84%;"中国少数民族特色村寨"30 个,约占恩施州全部名录的 61%。这说明有代表性和典型性是本丛书编写的一个重要特征。

这些传统村落大多远离城市，广布于恩施州八县市的山川密林之中。本丛书编写者一一调查寻访，对村落历史渊源与文化特征的描述不仅来自地方文献记录，更多来自编写者的实地观察探访和居民们记忆口述。这也是这套丛书编写的特征之一。

按照政协恩施州委员会的部署，各县市分卷都采用招标方式确定具体编写队伍，编写队伍大都由长期从事乡村研究的高校专业人员担任，由各市、县、乡文化专家共同组成编写班子。内容的专业性、作者宽广的视野，是这套丛书编写的又一特征。

四

恩施州的传统村落有多种类型，相互之间差异显著。差异产生的原因至少有以下几个：一是经历过不同的发展路径，其文化内涵的民族性、区域性有较大差异。二是处于不同的生态环境。恩施在崇山峻岭之中，河谷坪坝、高山草甸交错，气候物产各不相同，形成差异极大的生产生活方式及相应的居所结构和聚落形态。三是不同的民族文化传统。恩施州是多民族世代共居的共同家园，有世居于此的土家族，也有明末清初陆续迁入的苗族、侗族，还有明初迁入的卫所军户。不同的文化传统产生不同的生活方式，形成不同的民居建筑形式和特色聚落。四是不同的商贸和文化联系。恩施古代社会与外界联系主要依靠通航的河流和盐道，长江、清江、酉水、乌江，加上通向川东的盐道，与湖湘、川东以及贵州有较多的经济、文化联系。外界交往联系附带着人群的移动迁徙，也使相关区域的村落带有浓浓的域外文化特色。

这些多样性特征体现在传统村落的文化内涵之中。传统村落文化可以分为物质文化、制度文化和精神文化三类，具体表现为六种：

一是村落选址及其周边环境。不同民族对于环境与土地资源有着不同的认知。譬如土家族有着狩猎采集和游耕的传统，他们偏爱林间坡地。卫所军户大多来自长江中下游，又有武力支持，占据河谷坝子，建立屯堡。而侗族移民喜欢开发弯曲平缓的小河、小溪等小流域。自然环境不仅是村落文化得以发展的空间，也是村落文化的重要组成部分。

二是生产生活方式。传统村落社会的重要特点之一是自给自足，是在特定的环境空间中建立一个完整的生产生活系统。不同的民族文化传统与不同的地理环境相结合，形成村落各自不同的生产生活方式，这是村落文化生成的基础。传统村落不仅是人们的生活居住空间，还是他们的生产空间。

三是社区结构。传统村落的主体是人，村落成员扮演着不同角色。不同时代、不同民族文化传统、不同生产生活方式的村落，村落共同体的构成有差异。这种差异体现在村落成员的相互关系上，也体现在村落建筑的结构和分布上。

四是习俗体系。传统习俗是乡村社会的文化制度，起到传承历史记忆、规范言行举止和提供善恶准则的作用。主要体现在时令节庆和人生礼仪上，几乎无时无处不在的礼仪和禁忌，很能体现民族的历史文化传统。

五是宗教信仰。村落内部有自然神灵崇拜和祖先崇拜性质的民间信仰。具体表现为除思想观念的信仰外，还有仪式活动和举办仪式活动的场所。

六是文学艺术。主要表现为民间故事和歌谣，还有原本流行于市井的说唱曲艺等类型的民族民间文艺。由于当下社会对非物质文化遗产的重视，原本依附于各种仪式的民族、民间艺术成为传统村落的文化内容。

上述历史渊源和文化内涵，理论上普遍存在于各个传统村落之中。不过，社会发展与转型及其相应的城市化浪潮，已经不可逆转地发生在每个地区，包括文化遗存相对较多的传统村落。今天的传统村落更多只是历史的遗存。因此，我们能够挖掘和保护的历史文化传统，可能只是残缺的碎片，甚至只有历史记忆中非常短暂的片断。

五

如何再现传统村落的历史场景，讲好逐渐远去的传统村落历史与文化故事，是丛书编委会追求的目标。

对于已经选定的某个传统村落而言,首先是梳理村落形成、变迁、繁荣以及衰落的历史过程。不同的历史时期,不同的自然环境,不同的文化生态,会形成不同的村落形态,包括各种物质设施和文化制度。

其次是挖掘保护尚存的历史文化遗迹,包括物质和非物质文化遗产。对文化遗产,特别是民居建筑这类物质文化遗产,当地已经进行了比较全面的调查和保护。对于其他类型的物质文化遗产和非物质文化遗产,还有大量的工作要做。

再次是分析评估传统村落的文化意义价值,特别是时代类型和民族文化类型的代表性意义。评估其价值需要更加广阔的视野,需要站在整个区域甚至整个民族的高度进行评估。

最后是为珍贵的历史遗迹建立系统性的档案,并在村民中形成共识。这是对民族复兴和乡村振兴的文化支持,是保证宝贵文化资源得以开发利用必须要做的,也是进一步挖掘和更好地保护村落文化遗产必须要做的。

政协恩施州委员会长期关注民族历史文化的保护抢救,并充分利用人才优势,不断组织推动各种文化史料的编写出版,"恩施州传统村落历史文化丛书"就是众多成果的其中一项。希望借此为推动民族文化复兴尽一份绵薄之力,为推动乡村振兴贡献一份力量。

"恩施州传统村落历史文化丛书"编委会

2021 年 10 月

前言

利川市地处鄂西南,与川、湘、渝交界,境内群山环绕,风景秀丽,物产丰富,地灵人杰,历史文化底蕴深厚。因历史上曾隶属于巴、楚、蜀、吴等国,又有"纳巴楚文化之精粹"的美誉。利川的老百姓生于斯,长于斯,用勤劳的双手,日复一日,年复一年地建设自己的美好家园,创造了可歌可泣的历史……

传统村落是故土家园,承载着当地的经济、人文及风俗,既有古朴凝重的千年沉淀,又具蓬勃发展的盎然生机。利川市传统村落多散布在南北部的山川与盆地中,它们布局因地制宜,形式多样,内涵丰富,特色鲜明,形成了独特的自然景观和人文肌理。有些曾是济楚连川的古盐道,有些曾是商旅云集的商埠,有些曾是防卫森严的城堡,还有些曾是充满诗意的田园乡村。在自然山水的映衬和农耕文明及民族文化的滋养之下,它们散发着浓郁的乡土气息,体现了淳朴的民风乡情。传统村落保存了大量的文化基因,是中华民族传统文化的瑰宝。截至2019年全市先后共有18个村落被列入中国传统村落名单。在历史的长河中,这些传统村落具有秀丽的自然景观,蕴藏着厚重的历史文化,承载着利川独特的人文风情,成为新时代利川市推进乡村振兴不可或缺的重要资源。

近年来,利川市加强组织领导,加大资金投入,强化监督管理,着力推进传统村落保护事业不断发展。正确处理保护和发展的关系，将保护摆在首位，对有重要价值的乡土建筑进行有效保护，留住了传统村落的根与魂。在推进乡村振兴的大背景下，将促进传统村落活态传承、可持续发展作为实现保护和发展相互统一的重要路径，大力提升传统村落的发展能力，形成了传统村落保护与发展的良性循环。正确把握文化传承与创新的关系，在做好建筑保护修复和非遗传承的基础上，还将传统村落的价值阐发与文化创新、产业发展与生活改善融合推进，使传统村落保护不仅留住了"美丽乡愁"，更传承了文化基因，延续了历史文脉。坚持以人为本的理念，充分发挥村民的主观能动性，不断鼓励村民参与传统村落保护。村民的参与意识、文化自觉意识得到了加强，为传统村落保护事业发展提供不竭的动力。

如今，利川市传统村落作为利川人民的一笔宝贵精神财富，已发展成为旅游热点。为让人们更多地了解传统村落，利川市政协（即政协利川市委员会）与中南民族大学的民族学、历史学、人类学等专业的专家，走进全市的传统村落，以细致的田野工作，梳理了纳水村、鱼木村等10多个古村落的历史脉络，搜集了丰富的文献、口述和图片资料，绘制了传统村落村貌全景图，最终编辑形成本书。该书收录了纳水村、鱼木村、金龙村、张高寨村等传统村落，对村落的地理生态、历史沿革、建筑风貌、民俗风情等进行了详细的描述，充分展现了传统村落的自然景观和传统文化等，具有鲜明的民俗特点和地方特色。这些传统村落不仅有"小桥流水人家"的诗情，还有"绿树村边合"的画意、"青山郭外斜"的胜景、"清泉石上流"的雅韵、家族繁衍迁播的历史文化、善良质朴的民风民俗、悠悠仄仄的青石小路、婉转动听的山歌民谣，又有深厚悠久的历史文化、传承有序的家族文化、原生态的农耕文化、艰苦奋斗的红色文化，及自成一格的生产、生活、信仰习俗等，让我们"望得见山，看得见水，记得住乡愁"。

相信本书的出版，一定能为促进传统村落生态景观与文化遗产的活态传承，进一步落实传统村落保护工程，传承和弘扬优秀传统文化，推动新时代乡村振兴战略的精准实施提供有益借鉴。受篇幅限制，不能一一展开，若想更深入地了解利川市传统村落，还需您深入这些村落中，细细地品味其中的韵味。

目录 Contents

概述 1

走近 11

纳水村——悠悠纳水溪　盐贸丰乐场 12

鱼木村——绝壁立山寨　世外独家村 31

金龙村——商路连鄂川　忠孝美名扬 49

高仰台村——高山仰止地　庄园传奇事 64

张高寨村——川盐济楚路　牧歌农耕图 75

老屋基村——喧嚣繁华镇　百年沧桑情 90

野猫水村——湖光山色秀　宜影塔楼奇 106

海洋村——百年老院落　旧韵寄乡愁 116

黎明村——鲤鱼跃龙门 德义传万家 132

龙泉村——清泉润万物 悬崖铭舍生 153

石板村——坝漆冠全球 茗香飘万里 169

双庙村——英豪酬壮志 丹心谱春秋 185

遗珍 201

参考文献 220

后记 221

概述

/Gaishu/

利川市传统村落概貌

利川市地处湖北省西南边陲、鄂渝交界之处，西邻重庆，东接恩施，南临咸丰，北靠长江，巫山流脉与武陵山余脉在此交汇，万山叠嶂，逶迤绵延；清江、郁江、毛坝河、梅子水、磨刀溪等河流均发源于此，依地质构造和山势奔流出境。利川之史，可溯至上古。清同治版《利川县志》载："利川县在上古为廪君国所属。禹贡属荆、梁二州之域。周属夔子国地。春秋属巴子国，战国属楚巫郡地。"自晋至宋，利川隶属古清江县施州辖区，明时立施州卫所及诸土司，清雍正十三年（1735年）"改土归流"，利川建县。以清江贯通全境，平川广袤，物产丰富，为有利之川，故名利川，沿用至今。

利川历史悠久，文化源远流长，物质文化遗产以战国早期巴人遗物——虎钮錞于、建南崖墓群里的汉代岩画为代表，其成为利川境内人类早期活动的历史见证。非物质文化遗产如满天星斗般散落在传统村落中。例如，利川灯歌、利川小曲和肉连响至今在乡间传承，成为利川传统文化的三大品牌。

截至2019年，利川市已有18个村落被列入中国传统村落名录，这些村落包括：凉雾乡海洋村、谋道镇鱼木村、忠路镇老屋基老街、沙溪乡张高寨村、柏杨坝镇水井村、忠路镇长干村张爷庙、毛坝镇山青村、毛坝镇石板村、毛坝镇向阳村、毛坝镇人头山村、谋道镇太平村、柏杨坝镇高仰台村、建南镇黎明村、忠路镇合心村、忠路镇双庙村、忠路镇钟灵村、凉雾乡纳水村、文斗乡金龙村。传统村落分布最多的位于利川南部的忠路镇和毛坝镇，分别为5个和4个；位于北部的谋道镇和柏杨坝镇各分布2个，中部的凉雾镇分布2个，北部的建南镇分布1个；位于西南部的文斗乡和沙溪乡各分布1个。利川市传统村落的分布以南部和北部居多，南部和西南部共分布11个，约占总数的61%；北部分布5个，约占28%；中部分布2个，约占11%。

利川市中国传统村落概况表

所属方位	所属乡镇	村落数量（个）	村落名称	村落主要遗产资源
南	忠路镇	5	长干村张爷庙	传统建筑+中共湘鄂西前敌委员会会议旧址
			合心村	传统建筑
			双庙村	双庙子党支部旧址
			钟灵村	传统建筑群+碑刻
			老屋基老街	老屋基+古盐街
	毛坝镇	4	山青村	青山绿水+吊脚楼群（刘家大院）+古墓+古盐道+古树+古河道+革腊溪+传统造纸术
			石板村	古墓+刘家老屋+制茶
			向阳村	溪流+盐道驿站
			人头山村	坝漆+传统建筑

续表

所属方位	所属乡镇	村落数量（个）	村落名称	村落主要遗产资源
北	谋道镇	2	鱼木村	古墓+军事防御工程+传统民居
			太平村	谌氏牌坊+传统村落"太平老街"+高寺天然森林公园
东北	柏杨坝镇	2	水井村	传统民居建筑群+古盐道
			高仰台村	传统建筑群
西北	建南镇	1	黎明村	传统建筑
中	凉雾乡	2	海洋村	高峰山+革井溪+传统民居蒲家大院
			纳水村	古街道+古盐道+自然风光+制陶技艺
西南	文斗乡	1	金龙村	革命老区+回龙董氏墓碑群+关帝庙
	沙溪乡	1	张高寨村	巴盐古道+吊脚楼群+雷音山+卡门

利川市传统村落具有以下主要特征。

一是巫山余脉与武陵山余脉在此交汇，山川交错的地理条件和优质的自然环境是利川传统村落形成的天然"禀赋"。古时，横向从鄂西至渝东，纵向从渝东北鄂西南再至湘西北，利川是必经之地。发源于利川的清江、郁江、梅子水、毛坝河等河流顺着地质构造和山势走向奔流出境，和它们的支流呈放射状，几乎散布全境。巫山余脉与武陵山余脉在利川交汇，与其境内河流纵横交错，划分出不规则的山地、丘陵、峡谷及河谷平川，其中山地占80%以上，构成"八山半水分半田"的格局。

利川北部为山中盆地，清江两岸群山环绕，自古土壤肥沃，物产丰富；南部山高坡陡，沟谷纵横。全市平均海拔为1100米，但地区间海拔差异较大，气候变化明显。由于利川大部分地区位于海拔800～1200米，气候呈现春迟秋早、多雨潮湿、日照时间偏少、年均气温低的特征。从地貌上来看，利川属典型的喀斯特地貌发育区，境内石灰石广布，地表峡谷、石林、洼地、溶洞、奇峰、秀水、碧林等自然景观极为常见。村落的炊烟牧歌与浑然天成的自然景观相互映衬，形成一幅幅怡然和谐的画面，成为人们心中抹不去的美丽乡愁。

山地环境为世代居住在此的村民提供了充足的建筑材料。土家吊脚楼建造讲究因地制宜，因势造型。有的依山就势，从山脚到山坡，随梯田到旱地，顺着缓坡逐级向上延展，从下向上看，飞檐翘角，鳞次栉比，气势壮美；有的则沿着河流或道路线状展开，水流和道路是传统村落布局的关键，人来人往的道路往往成为旧时繁华的贸易市场；有的则沿山间平坝呈点状散布，虽难以形成整体秩序感强的街市，但单体传统建筑的技艺更加精湛，特色突显。这些"在山坡架木而居"的干栏式建筑，与武陵地区山地为主的地形地貌交相辉映，也足见当地人"占天不占地，天平地不平"的生态智慧。而利川高海拔为主的地势和潮湿阴冷的气候，也特别适合竹林、茶树和优质中药材的生长，山里村民在年复一年的勤劳耕作中，积累了丰富的种植、贮藏、制作和加工等知识和生产经验。

利川市传统村落大多坐落在山环水绕之中，峰峦隽永，阡陌纵横，风景旖旎，姿态万千，占尽天时地利。如海洋村的蒲家大院，就像一个熟睡的婴儿躺在大山的怀抱里，背山面水，依山就势，革井溪顺坡而下；山坡梯田埂回堤转；吊脚楼群点缀其间，天造地设，风光无限。鱼木村的鱼木寨于群山中突兀而起，四面悬崖如削，寨上林木葱茏，远看似一尾巨鱼遨游于云海之中。环绕山寨的"鸡头沟瀑布"高达百米，气势磅礴，被称为绝壁上的"世外桃源"。长干村张爷庙，三面环山，坐落峡谷之中，如同一块玉石藏于群山怀抱之中。水井村的大水井城墙像一条巨龙在山坡盘旋。还有高仰台村的龙桥峡谷，峡谷两岸如刀劈斧削一般，悬崖峭壁，高不可攀，其上云雾弥漫，谷下茂林成荫，瀑布四溅。此外，还有风景迷人的老屋基老街、山清水秀的山青村等，皆靠连绵群山，倚不息江川，沐四季光泽，历百年沧桑。利川市传统村落秀丽但不使人觉之腻乏，奇异却不使人觉之蹊怪，险夷而不让人为之惊恐。在历史的长河里，上演着一轮又一轮村寨与自然的完美结合的故事，构成了一幅幅意蕴深远、山水绝美的田园风光图，在恬静如诗的大自然中熠熠生辉。

二是丰富多彩的文化遗产造就了利川传统村落的独特魅力。看重地理格局，追求人与自然和谐是先民择地而居的首要原则。利川山川纵横为传统村落的选址提供了得天独厚的条件。先民一般选择依山傍水而居，一方面是为满足生活与生产需求，方便采集、渔猎和耕作；另一方面也是为了远离战乱。

利川传统村落选址情况

所属方位	所属乡镇	传统村落名称	临近山系	临近水系
南部	忠路镇	长干村张爷庙	佛宝山	青岗河、郁江
		合心村	佛宝山	郁江
		双庙村	佛宝山	龙桥河
		钟灵村	钟灵山	郁江
		老屋基老街	佛宝山余脉	郁江、姚家河
	毛坝镇	山青村	麻山、马鞍山、燕子岩夹	夹壁河源头小溪
		石板村	星斗山、仙人山、猿猴架	唐崖河
		向阳村	星斗山	唐崖河、向阳溪
		人头山村	星斗山	向阳溪
北部	谋道镇	鱼木村	大寨小寨岩	磨刀溪
		太平村	船头山	磨刀溪
	柏杨坝镇	水井村	高仰山、乌龟山	龙桥河、犀牛河
		高仰台村	齐岳山	清江、郁江、毛坝河
	建南镇	黎明村	王母山	油桥河
西南部	凉雾乡	海洋村	高峰山	革井溪、九渡塘水
		纳水村	石板岭、马鬃岭、梳子山	纳水溪
	文斗乡	金龙村	白羊山、官山	清水塘
	沙溪乡	张高寨村	雷音山、茅坡山	张高河、石盘河、大火焰沟

由于综合利用了当地的地形和生态，形成了匠心独具、古朴大方的建筑风格。如海洋村蒲家大院，背山面水，依山就势，看司檐悬空、飞檐高翘，抚木栏扶手，走马转角，古色古香，耐人寻味；张高寨村，择势而栖，"吊脚楼、翘屋檐、方格窗、朱红门"，乡土气息浓郁……传统建筑中，除居住的房屋外，还有供奉神灵的古庙、

安葬逝者的古墓；还有出于防守目的而建的栈道、关卡等，共同形成传统村落的独特风格。

远古时期，人们生活资料的获取基本靠天赐予，而随着生产技术的提高和人类社会的发展，土地开垦面积逐渐扩大，农作物产量也不断增加，出现了物质交换。明清时期，传统村落的发展开始出现了新的特点，一些交通便利的道路和河流岸边的村落逐渐发展成繁华的贸易集市。历史上，利川市西北部——川东一带分布着几大天然盐场：云阳县的云安盐场、巫溪县的宁厂盐场、忠县的涂井盐场等。湖南和贵州等几省均不产盐，民间所用食盐主要来自四川，而利川则是鄂、湘、黔等地入川的必经之地。古时运盐，得从重庆（旧时属四川）的万州、云阳、奉节、忠州和石柱的西沱经过利川的谋道、柏杨坝、团堡等地进入恩施，再转运湖北、湖南和贵州等地。长期的食盐运输，在利川境内产生了以陆运为主的盐道。清朝实行"川盐济楚"，更为处于川盐古道咽喉的利川带来了极大发展，同时也促进了境内其他行业的兴起，如造船业、编织业、铸铁业、手工业（制陶业、造纸业）等。南来北往的客商、盐夫以及不间断的物流，极大地带动了盐道周边的村落发展。据清同治年间的《利川县志》记载，从清乾隆年间到咸丰、同治年间，逐渐兴起的乡场有45个。清末民初，战乱频繁，许多古镇古村逐渐衰落。目前，在利川市18个中国传统村落中，因盐道而兴的仍有6个。曾经繁华的传统村落，旧时的庙宇、戏楼、集市、店铺、路碑、亭台、客栈等古建筑遗存至今仍依稀可见。

三是非物质文化遗产的活态传承为传统村落的延续注入勃勃生机。传统村落不仅是自然遗产和物质文化遗产的"博物馆"，更是非物质文化遗产活态传承的土壤。利川市丰富的传统村落犹如一位胸怀坦荡的母亲，孕育并滋养着多姿多彩的非物质文化遗产。

每一个传统村落几乎都存续着历史轶闻和人物传说，世代相传，伴随着一代又一代村民成长和老去。村落中流传的民间歌舞，曾经参与者众多，不分场合。从生产到生活，从嫁娶到丧葬，从田园到山坡，从日常到节日，村民信手拈来，即兴表演，朴实自然，为民间文艺创作提供了源源不断的生动素材。例如，利川"龙船调"早已家喻户晓，如今说起，老者依然兴致不减。巴盐古道青苔斑斑，杂草丛生，但曾经"桑木扁担两头尖，上挑桐油下挑盐，脚板磨起血泡泡，肩膀痛得直叫唤"的"挑工号子"现今还时常在山坡上响起。铿锵有力的号子、嘹亮豪迈的山歌，是村民英勇顽强、乐观自信的生命赞歌。

在传统村落中，与村民日常生活密切相关的人生礼仪一如既往。"打三朝""满周岁"等庆生仪式，表达出对生命健康和顺利成长的美好愿望；村落婚俗中现代流行歌曲与传统哭嫁相互唱和，传达出传统婚俗对现代风尚的接纳与适应；丧葬仪式坚守传统流程，教化后世子孙慎终追远；村落隆重热闹的"跳丧"仪式，如一场别开生面的生命教育，启迪后辈珍惜时光，乐观生活。

传统村落是村民的生活家园，村民们熟练掌握着与其生存环境和物产相适应的知识和技能。吊脚楼的营造技艺是利川传统村落的独特技艺。自往至今，"掌墨师"带领着众多能工巧匠，活跃在各个村落，施展着"平地起高楼"的高超绝活。如立房、上包梁、上檩子、钉椽子、上瓦、铺楼板、上油漆，匠人们技艺精湛。毛坝山青村因盛产竹子，其造纸业曾经发达，出产土纸、皮纸，还加工油纸，因手工造纸在现代社会的效率低，工序复杂，当地仅剩一户人家还在坚持制作。纳水村旧时分布着制陶原料长石岩层，先民利用溪水动力舂细石粉，制陶水平高超。当地"陶户以油涂器，烧之如古瓷"，是利川重要的产陶基地，当地黄家碗厂所产的中瓷细腻有光泽，古朴典雅，远近闻名。至今仍有人使用黄家瓷器。20 世纪 80 年代，因外部市场竞争、燃料替代等，黄家碗厂难以为继，制陶技艺成了"记忆"。毛坝人头山村有种植漆树的传统，所出产的生漆打上"坝漆"地标，品质精良，号称"国漆"，曾给当地人带来巨大经济效益。今天，坝漆已成为当地的支柱产业，坝漆培植、采取、加工等技艺，从传统走向现代，历久弥新。

四是红色文化耀眼夺目。令人难忘的是，在中华民族解放事业中，利川人民前仆后继，英勇顽强，不畏牺牲，建功立业。无数可歌可泣的英雄事迹，至今还回荡在利川的山川河谷之中。1928 年 12 月，贺龙率领一支工农革命军首次进入利川。1929 年 5 月，贺龙领导的红四军第三特科大队在黄子全的率领下，游击到利川老屋基、小河，联合"神兵"（农民武装团）攻克利川县城，打败国民党中央军一个营。1933年10月,贺龙率领红三军进驻毛坝镇夹壁村时,召开群众大会,宣讲党的政策和红军纪律,号召当地百姓加入革命队伍。1933年11月,忠路镇双庙村建立起利川第一个党组织——中共利川县双庙子支部委员会,掀开了利川市新民主主义革命的新篇章,革命的旗帜在利川上空高高飘扬。1934年1月,贺龙在沙溪乡张高寨村,给战士宣讲革命道理,苗族石匠杨守勤怀着无比崇敬的心情,在贺龙站过的地方刻下了一双脚印,贺龙的足迹深深嵌入利川百姓心中。1934年4月,贺龙在文斗镇金龙村召开中共湘鄂西中央分局十字路会议,作了《关于发展鄂川边区苏维埃运动任务的决议》的报告,决定使鄂川边的利川、石柱、黔江、咸丰、宣恩等地成为新的游击根据地。跌宕起伏的革命故事,动人心弦的红色旋律,豪迈壮丽的红色诗篇,永远感召和激励着后人不忘初心,砥砺前行。

从往昔走来的每一个利川传统村落都有着独特的资源和气质,但它们有一个共同特点,即都是人类与自然和谐相处的见证,都是物质和非物质文化遗产浇铸的结晶,有着红色文化的烙印。作为不可再生的遗产资源,作为百姓生产生活的空间聚落,利川传统村落体现着地方建筑格局和活态文化传承系统,体现着人类与自然关系的生态智慧,其承载的大道自然、天人合一、耕读传家、邻里守望、美美与共的精神文化内核有着生生不息的生命力。保护传统村落,就是让传统村落的厚重历史文化重新焕发生机,传承文化基因,留住文明记忆,延续历史文脉,探寻传统活力,提升发展能力。

走近

/Zoujin/

纳水村

——悠悠纳水溪 盐贸丰乐场

古老的纳水村形成于明代,是"川盐古道"上的一个商业重地。纳水因盐运兴而盛,因盐运废而衰。古时的纳水村山水环抱,屋宇高大气派,酒肆商铺林立,商业往来繁荣,是闻名川湘鄂的繁华之地。如今,纳水村仍然保存着鄂西南村落的传统形态,我们漫步其中,犹可窥往昔繁华。

走近

一、纳水概貌

在距利川市城区西南方向约 20 千米的群山峡谷之内,有一个山水环抱、水草丰美、林田相间、道路俨然的古村庄,一条汇聚四面八方溪水的小河绕村缓缓流过,这个村庄便是形成于明朝正德年间的利川纳水溪古村。

纳水村一瞥(向丽 摄)

纳水村现隶属于湖北省恩施州利川市凉雾乡,位于凉雾乡东南边沿,距离利川市主城区约 20 千米,与盐运古道上的另外两个集镇——沙溪、元堡交界。利川属于云贵高原东北部的延伸部分,境内山地、丘陵、峡谷、山间盆地和河谷平川相互交错,石板岭、马鬃岭、麻山等山系绵延于市境东南部,纳水村即位于属麻山山系的梳子山东南山麓。梳子山平均海拔约 1200 米,在鄂西南地区被称为"二高山"。

梳子山呈东北西南走向，从主山脊分出20余道山梁，绵延数十里。在山体高耸夹峙的深川巨谷之间，一条溪河接纳四面八方的溪水，于高山峡谷间蜿蜒曲折流淌，一路向南，天长日久，溪河两侧形成大大小小的河水冲积坪，这些不可多得的山间河谷，为耕作居住提供了便利。这条溪河因此得名纳水溪，取海纳百水之意。纳水溪又叫革井溪，发源于高峰山的中沟，整体流向为自东北向西南，围绕纳水村倒流一圈才注入乌泥河。曾经辉煌一时的盐道古村——纳水村便位于纳水溪边。

如今的纳水村共有9个村民小组，分别依纳水溪和老街蜿蜒排开。一组旧称革井溪，相传唐朝初年村民们在此开发盐井，因被四川江州府阻止，遂将盐井革封。二组旧称凤凰台，因其地势如一只凤凰俯栖于此而得名。三组、四组旧称"场前""场后"，因其分别位于旧时商业街"丰乐场"之前后而得名。五组旧称碗厂，此处曾建有一座小有规模的陶瓷加工厂。六组、七组旧称上辽、下辽，"辽"为"冷水辽"简称，即山间流淌的溪流，上辽、下辽是以不知名小溪为界的两个地方。八组、九组旧称上槽、下槽，二地处于"槽口"两侧，"槽口"即两山之间的山谷地带。各村民小组均位于高山峡谷间不可多得的狭长坪坝、槽口和缓坡地带。人口较为密集的是老街周围的一片狭长区域。

纳水村为多民族杂居村落，以土家族人数居多，另有汉族、苗族、蒙古族等民族。与武陵地区一些典型的单姓村落明显不同的是，纳水村为杂姓村。其中，陈、李、张、汪、曾是村中大姓，另外还有蒋、覃、刘、杨、黄、吴、谭、牟、邹、邓、何等姓氏。据老人们介绍，陈姓世居本地，其他姓氏大多来自周边或湖南、四川等地，多是在中华人民共和国成立前因灾荒、战乱、经商等原因迁徙而来。由于盐道带来了相对发达的商业，迁来的人多从事商贾，因此村落呈现出"聚贾而居"的状态。中华人民共和国成立前，当地较有名望的有陈、李、谭、黄等富户。

数百年来，纳水村一直是当地重要的商业场镇，也是"川盐济楚"盐道上的重要驿站。明朝时期，镇上设有土司衙门，隶属忠路安抚司。彼时，古镇上的土司权力极大，审理案件无须上报可自掌生杀大权。清雍正十三年（1735年）"改土归流"后，里甲制、保甲制开始实行。清乾隆年间，纳水溪古镇设场，名"丰乐场"。清咸丰初年实行"川盐济楚"，纳水溪成为运盐大路上的一个驿站和商品集散地，于清光绪十年（1884年）被定名为纳水溪场。由于清朝及后期的"行盐"贸易和物品流通交换的需要，这里逐渐发展成为定期赶场的集市，并最终成为土家族聚居村落。中华人民共和国成立前，除了行政机构外，还有"神兵"、袍哥、"姊妹会"等民间组织"管辖"此地。中华人民共和国成立后，村中曾设有相当于乡级行政级别的区公所和人民公社，纳水村后改名为马前公社纳水管理区向阳大队，后称向阳村。1982年，村庄改名为纳水溪大队，后重新更名为纳水村，隶属凉雾乡管辖。

二、纳水吉地

纳水村山水错落，山有绵延之美，谷有清静之幽，河有曲折之秀。据老人们说，纳水村古村落所在地不仅风景秀丽，而且是宜居之地。古村落群峰环绕，纳水溪绕村而过。麻山山系呈东北西南走向，山体纵横交错，层层叠叠，连绵不断，拱卫在村落周边。村后的梳子山像一把"金交椅"。

木片枰山、观音岩、马鞍山可分别被视为村落的"青龙""白虎""朝山"，再远处的群山可被视为"案山"，使得整个村落处于群山环抱之中，村落中心犹如"荷花心"，枕山傍水，格局不凡。纳水溪自村落东侧山谷间流过，恰在村前拐了两下，形成一段弯弓状的河道，与村落形成"环抱"之势。按传统堪舆观点，弯曲的河流内侧为宝地，被水流三面环绕之地为"金城环抱"，是能"聚气"的宜居之地。且村落背山面水，山环水抱，村址中心位置地势开阔，水草丰美，居住于此，耕则有地，薪则有山，饮则有水，行则有道，是理想的安身之所。

利川市传统村落

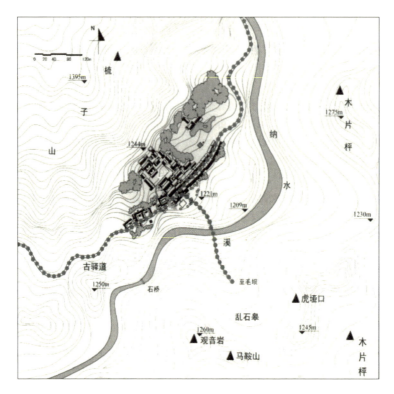

村落原始形态

(图片来源：武静. 鄂西纳水溪古村落景观及其变迁研究 [O].
武汉：华中农业大学，2008:1-112.

三、奇山秀水

纳水境内山峦重叠、溪泉满布，自然环境秀美。梳子山、高峰堰、刘家坡、欧家坡等山峦，如众星拱北般将纳水村环抱于怀中。山峦间峭壁千寻，洞穴丛生。较为知名的洞穴有跑马洞、叫花洞、响水洞、蟒蛇洞、干洞、硝洞、黑洞等。每一个名字背后，都是传说。

跑马洞洞内有自然形成的印迹，状如马蹄，传说曾有骏马疾驰于洞中。叫花洞洞内有冷兵器残物遗迹，传说是躲避兵匪战乱的良地，曾有武装势力在此

走近

响水洞（向丽 摄）

叫花洞（向丽 摄）

活动。响水洞顾名思义，站在洞口，不见水流却能听见水流之声，响声清晰，令人遐想连篇。蟒蛇洞极富神秘色彩，传说洞内盘踞有大蟒蛇，时人莫敢入内，蟒蛇不曾出洞却威名遐迩。里面大洞穴套小洞穴，较大的洞穴被称为干洞，干洞中别有洞天；较小的洞穴有水流，被称为湿洞。硝洞产硝石，现在村内仍有曾经前去开采硝石的老人。黑洞里面一片漆黑，无光源，洞穴内产长2~3厘米的小鱼，这种鱼的特别之处在于鱼身透明，将鱼捧在手中，其骨刺、内脏清晰可见，但若将其捉出放置在阳光下，只需10分钟，鱼身就不再透明。

纳水境内还布有大鱼泉、小鱼泉等山间小溪，几股水流缓缓流淌而来，汇聚成一河，蜿蜒奔流而去。大、小鱼泉在盛夏时潮涨潮落较为明显，潮涨时有浑水冒出，水温极低，冰凉彻骨；潮落时水量小，水质清亮。当地

纳水溪畔（向丽 摄）

村民介绍，鱼泉中盛产"洋鱼"，鱼身形似刁子鱼、周身无鳞、肉质鲜美。溪边植被繁茂，杨柳依依、翠竹亭亭，微风吹过则泉石激韵、林籁结响，调如竽瑟。小只禽鸟不时掠过，颇有唐代诗人张志和笔下"西塞山前白鹭飞，桃花流水鳜鱼肥"之意。

四、盐道驿站

纳水古村的兴衰与盐业贸易关系密切。纳水村形成于明代，是"川盐济楚"古道上的一个驿站和商品集散地，也是文化交流与汇集之地。"川盐"多产于四川自贡或渝东地区，自古以来便是重要的战略物资。它经过四处延伸的"盐大路"被输送到西南和两湖地区，满足这些地区人民的日常生活需要。

利川位于湖北、湖南、重庆三省市交界地带，是古时川鄂渝湘地区间相互联系的重要通道。开采自云阳、黔江等地的"锅巴盐""粗盐"，由云阳、黔江出发，分别经由梅子水—柏杨、万州—谋道、石柱—汪营三条通道入楚，于理智坳中转汇合。当时，理智坳是一个较大的交通运输中转站，经由柏杨、谋道、汪营运来的盐，都要在此进行二次交易配送，然后再根据需求，或经由纳水—沙溪、元堡—红椿—毛坝、老屋基—忠路—张高寨—沙溪三条道路进入咸丰，继而运往湖南；或由理智坳走团堡入恩施、宜昌等地。

古道（来源：中国农村研究院　彭茜）

"盐大路三十里一小站、六十里一大站"，被盐道串联起来的村镇多深藏于崇山峻岭之中，且分布有一定的规律。山区行路难，最普遍的运盐方式便是肩挑马驮。挑盐人被称为"挑夫"，挑夫有长程、短程之分，也有长工、零工之别，依靠骡马驮运的被称为"骡子客"。挑夫和"骡子客"来去"不打空手"，一路不仅运送食盐，还将山区的桐油、漆、药材等运往湖南、四川等地。有民谣称："桑梧扁担两头尖，上挑桐油下挑盐，才从四川打回转，又要启程去湖南。"肩挑马驮，人负重物，挑夫每日步行不过三十里至六十里，遇陡峭山梁则需更长时间。

因而盐道上的驿站、集镇多为三十里一小站、六十里一大站。

纳水溪边地势平坦，正处于利川盐运中转站——理智坳往南约60里处。负重行走一天的疲乏挑夫、"骡子客"、商贩行至此地，都需要停留歇息，称"打肩""歇脚"。从纳水溪北上，经马前、官屋基、谋道、柏杨可到四川；从这里南下，经张高寨、沙溪过咸丰、来凤可达湖南。有的商人在此卸下货物，就地交易或转运他处；有的商人在此上货，将桐油、漆、药材等山区特产贩卖至山外。通过大量挑夫不停地往来，盐和山货得以在川湘鄂渝等地流通。由于"川盐济楚"政策及其衍生贸易的需求不断增加，久而久之，纳水溪逐渐发展成为川鄂渝交界地带重要的盐道驿站和商贸中心。纳水村虽处万山之中，交通不便，但由于分布在盐道的重要节点上，南来北往的客商、盐夫和源源不断的物流在此汇集，铸就了纳水村昔日的繁荣。

古时纳水村境内有多条盐道，这些古道多位于山间坡地、河边、槽口、山垭间，由石板铺成，或以泥石垒砌，旧称"三尺路""盐大路"或"骡马路"。这些日渐凋敝和废弃的小道，见证了昔日盐道上往来穿梭的劳苦心酸。尽管今日之纳水村已不复往日兴盛，但盐运和商贸的文化影响随处可见。

五、繁华圩场

"圩场"又称"墟场"，也称"草市"，指乡下的集市。圩场大多自然形成，多设在交通便利、人口聚集、地势相对平坦之处。去圩场，被称为"赶场"。在乡下，圩场往往是一定区域内的政治、经济、文化交流中心。曾经的纳水"丰乐场"便是盐运古道上的一个商贸重地，因"行盐"而兴，又因盐道废弃而衰。保留至今的一条商业老街街巷肌理较为明显、商业特征较为浓厚，昔日风貌犹存。

纳水溪边的圩场在明清时期十分兴盛，在民国时走向衰落，20世纪70年代，纳水圩场被废弃。清乾隆年间，该圩场被正式称为"丰乐场"，取"丰收祥乐"之意；清光绪十年（1884年）被定名为纳水溪场。如今，当地人称丰乐场为"老街"。据老人们介绍，早年纳水溪有民居、庙宇、戏楼、天主教堂、集市、店铺、作坊、望碑、亭台等，尤其是丰乐场店铺林立，集市繁荣，街巷民居纵横交错，酒楼客栈聚集，十分繁华热闹。一些老人依稀记得民国时期的丰乐场商铺鳞次栉比，客商往来穿梭，一派"十里洋场"的繁荣景象。如今虽不复当年盛景，但部分商铺、关庙、戏楼、地主庄园、民居等建筑依然伫立。

老街（来源：中国农村研究院 彭茜）

商业主街是在古盐道的基础上发展而来的，主街面积约0.5平方千米，建筑紧依街道而建，房屋紧凑，整体布局有序。主街铺设规整的、就地取材的青色条石，纵横铺设，间以镶嵌采自纳水溪边的大大小小的鹅卵石，极有意趣。主街长300多米，宽约4.5米，从上场口到幺店子，顺纳水溪河岸自然排列。街道两侧酒肆店铺林立，行商坐贾沿街摆摊设点，形成较为集中的商贸区。街道的正中间是高耸的关庙，关庙内有戏楼、大殿、院落，可作集会演出、商贸交易之用。

主街以关庙为界，关庙以北为上街，以南为下街。街市两侧房屋大都是建于明清时期的木结构建筑，多采用五柱二骑（5根柱头有3根落地）、七柱二骑

(7根柱头有5根落地）或十一柱、四列三间的穿斗式梁架。当时，民居房屋的高度一律不得超过土司衙门的高度，被限制在一丈一尺八寸（约3.9米）以内。临河一面修建"临坎式"吊脚楼，靠山的一面修建"靠坎式"吊脚楼，楼上的窗户既可采光，又可观赏溪流、山景，多数建筑都极为精美，无论是庙宇、教堂、衙门、街道，还是富裕人家的院落，都采用多种雕刻技艺进行装饰，如花格窗、雕花枋匾等。主街商业繁荣，寸土寸金，建筑密度较大，一栋紧挨着一栋，有的人家在建房时借用邻家房柱头，称"寄列"。"寄列"一是为了节约成本，二是避免浪费相邻屋檐口的面积。"寄列"时需要德高望重者作证写据，约定"寄列"柱头属于谁家，谨防日后房屋买卖、拆建时产生纠纷。

雨街剖面

（图片来源：武静.鄂西纳水溪古村落景观及其变迁研究[D].

武汉：华中农业大学，2008:1-112.

鄂西南地区气候多雨，故传统建筑出檐深远，丰乐场临街铺面则挑檐更深。挑檐深远的目的是遮阳避雨，便于行走、交易。据老人们说，街道最初几乎是封闭式的，主街两侧临街建筑均挑出2米左右的屋檐，形成宽敞的檐廊，两边屋檐抵屋檐，中间一条笕槽排水。这种封闭式街道虽然便于避雨，却光线太暗，于是人们对临街房屋进行了拓展升高，将两边的檐口缩短，两侧建筑均在至离地约 3 米高处伸出横杆，于街心顶部架起简易"屋架"，搭盖木板、瓦片形成顶盖，可遮阳挡雨，又便于采光，形成独具特色的"屋—檐廊—街—檐廊—屋"的"雨街"模式，当地称为"凉亭子"。临街一面装上活动板壁，可以卸下作铺面，便于交易。无论天晴下雨，来往过客均可停留驻足，头不淋雨，脚不沾泥。

丰乐场是三乡五里民众定期赶场的集市，也是川盐古道上一个较为重要的交通枢纽。沿古驿道两侧，临街设店，店铺多为"前店后宅式"或"下店上宅式"的商居混合使用的建筑。经营范围主要有三类：一是售卖肉、粮油、布料、盐、瓷器等日常生活物资，二是提供喝茶、饮酒、吃饭、住宿等娱乐服务，三是提供农具等手工产品。600 多米长的街道上，聚集了几十家店铺、客栈、榨油坊、织布作坊和染坊。有售卖米面油的米市，卖肉的肉市，有可供寻医问药的医馆，有提供称重

老街（来源：中国农村研究院 彭茜）

计量的斗市，有交易牲畜的猪市，有加工售卖农具的铁匠铺，有织布做衣的布市，还有专门服务于流动人口（挑夫、商贩等）的幺店子、饭馆、烟馆、茶馆等娱乐场所，另外还有油坊、染坊、织坊等小型作坊。

据老人们介绍，民国时期街上有 7 家织布作坊，农户可自带棉麻材料加工，每天可织布 130 米。当时，纳水织布加工业基本形成了棉花贩运、纺线、织布加工、布匹销售的社会化分工模式。丰乐场每逢农历"四、七、十"开市，开

市时,街上人头攒动、接踵摩肩,行商坐贾的吆喝声、往来挑夫的号子声、商货交易的讨价还价声、酒肆茶馆的划拳嬉闹声以及烟馆戏楼的丝竹之声,相互夹杂,格外热闹。

因地处交通要道,贸易往来频繁,且市场规模颇大,丰乐场逐渐形成繁华的夜市。街上一些老人还记得,每当夜幕降临,街道两侧店铺灯火通明,室内燃起亮堂堂的四芯桐油灯,室外灯笼高挂,来来往往的客商、挑夫、背夫和赶马帮的"骡子客"川流不息,灯笼火把连成一片,客店老板高声招呼客人,街上大小客店几乎夜夜客满。茶馆、烟馆门庭若市,觥筹交错,不打烊。

中华人民共和国成立以前,主街周边的村民多以开设店铺、贩卖商品、背挑运输等为主业,以农耕为主业者较少。发达的交通,繁荣的市场,成就了一批富户乡绅,比较著名的有垄断粮食生意的李家,专事医药生意的陈家,贩卖物资的谭家,制作贩卖瓷器的黄家。李、陈、谭、黄被称为纳水"四大家族",

纳水关庙内部戏楼(向丽 摄)

这些家族善于经商，乐于合作，每家有若干店铺、田产，"哪样赚钱贩哪样"，积累了不少财富，相传纳水"四大家族"财富多到"铜钱可用筛子筛，银子可用晒席晒"。此外，还有开饭店的刘长清，开旅店的杨序恒，卖针线的冉云卿等，家境均较殷实。

纳水因盐运兴而兴，因盐运废而衰。20世纪80年代左右，318国道修建，整个鄂西南地区主要交通路线变更，盐道废弃不用，纳水溪古村落昔日的交通优势消失，商业功能弱化，丰乐场不复往日荣光，逐渐衰落。村民们纷纷依国道建房，古村落内新建房屋数量不多，老街的老房子还有一定的规模，留存了许多反映地域特色、民族特色和商业文化氛围的传统建筑。

六、宏伟关庙

纳水关庙处于商业街中心位置，是纳水溪古村落最大、最具有代表性的建筑。纳水关庙建于清代，据说由本村村民和往来商贾共同出资兴建，占地面积约940平方米，建筑面积约260平方米（现存古建筑面积）。关庙依山面水，巍峨高大，全木结构，由山门、戏楼、大殿、天井、后殿组成，中轴对称布局，一楼一底，四合院式，布局紧凑，前厅后殿明三暗五，两边厢房各四列三间，规整对称，山门、戏楼、大殿、后殿依次排列在中轴线上。庙宇为单檐悬山，灰瓦顶，檐角高翘，线条流畅，屋脊飞檐上装饰着"龙生九子"等雕像，形象生动，远远望去，蔚为壮观。关庙内部宽敞整洁，明亮大气，装饰雕刻精美，花纹精致。

门楼面阔三间，进深一间，山门与戏楼结合为一体，推门而入，头顶上方便是戏台，人们可由戏台底层空间进入院内。戏楼为单间式戏台，方形平面，四角立柱，台口宽5.8米，台口部分向院中凸出，三面开放，戏台上下光线通亮。戏楼的亮柱、柱礅、梁、枋、窗雕刻装饰精致，两边廊柱上卧着一对口含绣球的雄狮，栩栩如生。戏台下额雕刻着"水漫金山""八仙过海"等民间故事。戏楼是整个纳水人气最旺的地方，逢年过节和庙会必唱戏。"三面观式"戏台与"合院式"的殿堂相得益彰，也便于台上台下互动，观众可以在天井、两侧

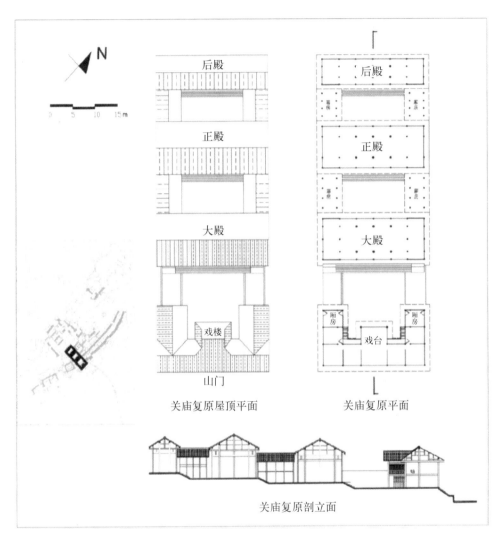

关庙复原图

(图片来源:武静. 鄂西纳水溪古村落景观及其变迁研究[D].

武汉:华中农业大学,2008:1-112.

厢房走廊、大殿内观看演出。每逢年节,纳水溪的富户相继请戏班子登台唱戏,观众喝彩、打彩,戏毕后东家"放炮挂红",关庙热闹喧哗。最初唱的是地方戏,后来由于盐道促进文化交流,湖南花鼓戏和四川"人大戏"逐步被引进,尤其是"川戏"被引入纳水后,当地人对其唱腔、唱法、乐器演奏方式进行了改造,成为村民们喜闻乐见的表演形式。目前村中年近80岁的刘恩高老人还会拉二胡、唱川剧。

戏楼窗户雕花(向丽 摄)

大殿可容纳好几百人,正殿上悬挂着"忠义参天"匾额,殿里供奉着刘备、关羽、张飞的塑像。两旁龙头高昂,4口洪钟、4面大鼓奏响时,更是平添了关庙的威风和气势。关羽在民间被封为财神,关庙表明人们对财富的向往,也是当地商业繁荣的佐证。大殿、正殿和后殿均为木结构穿斗式与抬梁混合式屋架,梁柱粗壮,据说用的是两人合抱粗的百年马桑树。大殿中的窗、梁、柱精雕细刻,造型别致,工艺精湛。天井内铺设青砂条石,石材表面被数代人踩踏得光滑无比,如今石头缝中长出荒草。

古时的纳水关庙既是祭祀祈祷之地,也是集会议事之所,是观戏演戏的休闲娱乐场所,还是商贾贸易之地,亦是多元文化的交流碰撞之地。中华人民共和国成立后,关庙曾作为集会礼堂,一度被改建为纳水小学的教室,也曾被用作露天影院,还一度是纳水溪村村委会所在地。2011年,纳水关庙成为利川市文物保护单位,现由村委会进行日常管理。

如今,这座见证纳水数百年历史沧桑的老关庙仅存山门、戏楼、院坝和大殿,殿中原先供奉的关帝、观音的雕塑和屋脊飞檐上的"龙生九子"雕像已损毁,戏楼上的双狮、庙宇上的角鳌以及其他建筑雕刻装饰艺术品也都被拆毁,后面的"二进堂"和天主教堂也被拆除,后殿仅存一枚古石磴。

七、黄家碗厂

"虚窗熟睡谁惊觉?野碓无人夜自舂。"南宋诗人陆游描写的西塞山下水碓响的景象,在利川纳水溪旁曾出现。清光绪版《利川县志》记载:明朝时,纳水溪设场,其山有长石岩层,为制陶原料,先民利用溪水,设轮急湍中,是为水碓,遍设溪沟,舂石极细,再将石粉放于池水中,浸澄为釉,陶户以釉涂坯,烧结陶瓷。因此纳水溪素有"陶乡"之称。遥想当年,纳水溪边,流水潺潺,

水碓遗迹

(来源:孙朝运,《探寻利川纳水溪,竟有这么多传奇故事……》,腾讯网,2019-07-27,https://new.qq.com/rain/a/20190727A0N593)

水碓房排列溪边，碓杵昼夜响个不停；临溪缓坡上，窑炉青烟袅袅，工人们繁忙劳作，好一幅生动的乡村手工业风情画面。

说起碗厂，当地人总要提到黄家，因为碗厂是黄家传承十三代的家族企业。碗厂始建于明朝，相传创始人黄尔世原籍湖南，身怀制陶技艺，因躲避水灾来到纳水，见当地有制陶原料，便重操旧业，开设碗厂。中华人民共和国成立前，黄家共有上下两个碗厂，上、下碗厂间相距约500米，上碗厂是总厂，下碗厂是后来扩建的分厂，只有碓棚没有窑。上、下碗厂共有3个窑，1窑有7仓，共21仓，有5个碓棚，1棚4碓，共20个水碓。

碗厂所产两芯桐油灯及水壶（向丽 摄）

碗厂所用原料为纳水独特的冷岩砂，当地人称白砂岩，可就地取材。先人们在溪边修建拦河坝蓄水，水被引入碓房里的引水槽，激流冲动水轮旋转产生动力，水轮带动四个碓杵一上一下，不断冲击石头，将碓窝里的石头舂成粉末，使之成浆。过滤沉淀岩浆后即可得到极为细腻的粉末，此为制碗原材料——坯泥。工人用脚蹬动车床，用手塑碗具成坯，刻画上花纹，晒为干坯，再将干坯放入火窑烧制，并上釉。粗陋不堪的石头，华丽变身为精美的瓷器。整个制作过程工艺复杂，工序繁多，涉及采石、冲碓、粉碎、淘浆、过滤、搅拌、沉淀、风干、做坯、雕刻、阴干、上窑、烧窑、上釉、出窑等步骤，当地人称"工序七十二道半，捆碗不相算"。

碗厂主要生产碗、盘、碟、坛、罐、灯等生活用具,碗和坛子最为畅销。产品按照质量等级可分为粗瓷、中瓷、细瓷。碗厂早期仅生产粗瓷,清朝末年可产中瓷,中华人民共和国成立后可产细瓷。纳水所产中瓷细腻光泽,古朴典雅,远近闻名。早年,黄家瓷器在丰乐场有店铺专卖,瓷器销往利川、恩施、咸丰、鹤峰、来凤乃至湖南、四川等地。生意好的时候,客户需要预订。现今,纳水村仍有村民使用碗厂所生产的生活器皿。

碗厂所产坛子(向丽 摄)

古时,制陶是高难度的技术活。这诸多的工序中,真正决定石头能否"成器"的关键核心技术,如原材料配比、烧制、上釉等,悉数掌握在黄氏嫡系子孙手中,对外秘而不宣。碗厂绝大部分工人为黄氏族人或与黄氏沾亲带故。瓷器烧窑尤其重要,窑温的控制、上釉的时间和技巧都要控制得刚刚好,若上釉出现问题,成品会出现裂缝;若火候不对,瓷器要么不成型,要么易碎。黄氏一族将祖传技艺作为安身立命之根、家族发展之本。制瓷技术传承300余年,延续13代。

中华人民共和国成立以后,碗厂被改制成集体企业,公社派了一名干部管理陶瓷厂,黄氏第12代传人黄国民、黄国仲担任"技术总监"之职,陶坯绘画、题字是他俩的"绝活"。20世纪70年代,作为集体企业的碗厂倒闭。20世纪80年代,黄氏第13代传人黄朝贵重拾家族"衣钵",意欲重振碗厂,但由于外部市场竞争激烈、燃料替代等原因,生产经营难以为继,不得已于1989年停产。如今,位于纳水村五组的碗厂旧址,没有了昔日水碓日夜作响之景,也没有了袅袅升起的青烟。

黄国民老人介绍陶瓷

(来源:孙朝运,《寻古探幽纳水溪 浮浮沉沉皆传奇》《恩施日报》,2019-08-09,http://www.enshi.gov.cn/2019/0809/880954.shtml.)

走近

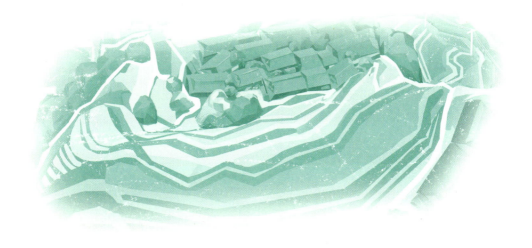

鱼木村

——绝壁立山寨 世外独家村

远观鱼木村，在群山中突兀而起，如孤峰独立，无牵无挂。鱼木村所在山体被切割成四面绝壁，自成一体。除山体西南处一条不足两米宽的古道延伸至寨外和两处在绝壁凿就的人工天梯石栈，鱼木村几乎是一个与世隔绝的"天上人家"。因其地理位置险要，从明朝起，鱼木村就成为各时期土司的军事堡垒，距今已有600多年的历史。因环境封闭，寨内的军事遗址、精雕墓葬和古朴民居等遗产均保存较好，这使鱼木村在众多传统村落中脱颖而出。1992年，鱼木村被命名为湖北省文物保护单位，2006年，鱼木寨被命名为全国重点文物保护单位。2013年，鱼木村进入中国传统村落名录。

一、鱼木村概貌

鱼木村位于利川城西60千米处的谋道镇境内，距离谋道集镇22千米。

整个寨子坐落在巫山余脉云贵高原延伸部分的一块南高北低的台地上，平均海拔约1100米。所谓台地是指四周都是悬崖，顶面基本平坦似台状的地貌。鱼木村所在的台地由西南向东北地势逐级减缓，西南最高处位于寨门外，海拔约1284

远眺鱼木村（向轼 摄）

米；北部最低处位于与318国道相接处的鸡头沟与鸡头河交汇处，海拔约573米。村子东西宽约900米，南北近2500米，占地达120公顷。国土面积380公顷，总耕地面积2166亩，其中水田335亩，森林面积2800亩（据鱼木村村委会2019年统计数据）。村子所处山体东与郑家坪、殷家坪相望，南与铜锣关、凤凰山一脉相承，西与杨柳村、折岩村相峙，北边与耙耙田、唐主田相对。周边河流峡谷主要有鸡头河、鸡头沟、倒落沟。鸡头河为鱼木村主要水系，由南向北流经东侧至鸡头河大桥泄于重庆境内。鸡头沟、倒落沟为鸡头河的两条支流，分别位于西侧及南东侧，鸡头沟于鸡头河大桥汇入鸡头河，倒落沟于钓鱼滩附近汇入鸡头河。

鱼木村地处群山之中，沟壑纵横，溪水如流，村内共有九个组，依山就势而建。村民根据当地多种多样的地貌以及房屋分布特点，取了许多极富特色的地名。一组因入寨门后转了几道弯，所以又有头湾、二湾、反背湾、堰塘湾称号，寨门和城墙也位于此处；二组则是六吉堂和宽阔石坝所在地，得名六吉堂、石坝；

三组泡桐树、松树较多,取名松树湾和泡桐湾,又因树木荫庇,是古人活着时建自己墓地的首选之地,故又名"生基嘴"①;四组是"三阳关"和"手扒岩"所在地,取名……;五组因地势相对平坦,又名"张凤坪",立有"字库塔"一座;六组以前是村中私塾所在地,得名"学堂湾";七组是"亮梯子"所在地;八组沿台地东北边缘的池塘绕了个大湾,是成氏夫妻碑屋所在地,故名"池塘湾""双寿居";九组接近悬崖边缘,是"古城墙"所在地。长期以来,村民们习惯用具体地名来代替称呼几组。

鱼木村海拔虽高,但因降雨充沛,森林茂密,境内土壤肥沃,水源充足,气候适中,几百年来村民们依靠传统农业维持生计,常年种植水稻、玉米、红薯、土豆等作为食物,多余粮食则用来饲养生猪和家禽。生猪一般养在自家房屋两头或吊脚楼下的猪圈里,鸡、鸭、鹅等家禽则用围栏圈养在离房屋不远的林地。

茶叶种植在鱼木村也有一定的规模。茶叶制作以手工为主,先是将筛选后的茶叶放进竹编透气的簸箕内,待其青气散失,依天气情况需 3～6 小时不等,然后放至铁锅内烧柴火不停地翻转炒制,直到青叶软绵卷缩,盛出待其冷却,再用手工揉制。成卷曲形状后,又放进锅中,小火烘烤。此种制茶法很好地保存了茶叶原有的清香味道。当地人除用其泡茶喝,还用来"打油茶",浸泡炒米和苞谷(即玉米)花,充饥下饭。

谈起鱼木村名的由来,村里老少皆能说出这样一则故事。相传,古代马、谭两姓土司连年争战。一次,谭土司退守该寨,马土司欲以围寨断水之法使之屈服,相持月余后,谭土司为退敌兵计,从寨东岩洞口向寨下抛去活鱼无数,有的竟落挂于马土司帐前树上。马土司见状,叹曰:"欲克此寨,如缘木求鱼。"遂引兵自退。从此地因事名,洞名"鱼木洞",寨名"鱼木寨"。沿寨顶而下至半山腰的岩洞,也取名叫鱼木洞。

明洪武二年(1369年),龙渊安抚司谭福一落业万县乐往坝(今谋道七僚坝村)。明洪武八年(1375年),谭元亨袭龙渊宣抚司职后,改为龙阳峒安抚司,

---

① 生基是人生前为自己修好的坟墓。(后文同)

占据铜锣关、鱼木村一带,建关设卡,并在鱼木村上洞内制造武器。"凡朝廷有征调,认承捍兵三千,出力报效"。明清两代,鱼木村一直是土司制造武器和屯兵之所。

(图片来自湖北省文化厅古建筑保护中心《鱼木寨保护总体规划(2012-2031年)》)

明永乐七年(1409年),附籍石柱土司,协办军务,后因平船头寨黄中有功,扩大疆界,其地"东齐冷耳阱抵利川河,南至忠路司抵岭心,西至白羊坪抵免滩河,北至龙驹坝抵岩仓"。其中乐往坝、猪羊坪、褶岩坝、瓦砾洞、中咀、下岩坝等地均为辖地。明万历十四年(1586年),八世谭彦相将龙阳峒域编籍万县,奉旨谕允,脱离石柱土司。明万历十六年(1588年),石柱宣抚使马斗斛、马千乘图谋恢复龙阳峒，率兵围攻铜锣关、鱼木村一带地方，"烧毁民房300余处，杀害百余人命"。清雍正十三年（1735年），改土归流，鱼木村划归万县。1955年划归湖北利川谋道镇至今。

自古以来，鱼木村进出仅一通道，即从南边寨进入，北边三阳关出。今从铜锣关至鱼木村还留有石板路蜿蜒于山梁之上，临近寨门一段路基总宽2米左右，两侧都是悬崖，远观恰似鼖鼓之柄，当地人称"寨颈"。在鼓柄和鼓面结合处，用条石建成寨门楼，俨然一把大锁卡住人的咽喉，卡住进寨的通路。另外还修筑了炮楼二座，寨墙两段，寨卡6座，整个山寨固若金汤。寨门楼是在清嘉庆四年（1799年），鱼木村村民为防"贼匪流窜，扰乱乡渠良民"而重新修建。寨门楼一楼一底，宽约100米，分前后两部

寨门楼（向轼 摄）

分，前部分为石木结构，后部分为土木结构。前部分的寨门楼全用巨大条石砌成，正面垛式墙壁，用23轮条石砌成，高约7米。中间开独门，两扇青冈木门板保存完好。门额上嵌有石匾一块，原刻有"鱼木寨"三个行书大字，后被铲除，现存的大字为1992年重刻。门洞两边全用条石砌成实体，右侧石壁上嵌有奉修鱼木寨功德碑一块，楷书阴刻，保存完好，记述着鱼木村修寨建卡的始末缘由。碑上载有："从来思患预防，乃国家之良图；乐望相助，亦小民之淳风。予等甲内，或失朝下业，或本朝蒙圣天之雅仕，耕读传家，各安本分，为盛世良民已耳！圣恩优渥，不欲良民受害，令其各地修寨砌卡，以戒不虞。"门洞顶上的楼板亦用巨大条石铺成，楼上建有炮台，正面垛墙上有炮眼两排，共九个，严密地封锁着进入寨内的石板大道。后部分为土木结构，两边各有房屋一间，两外墙壁

紧接前部石壁，基脚与岩沿齐。寨门楼高大险要。例如清同治五年（1866年），增修《万县志》记载："鱼木寨山高峻，四周壁立，广约十里，形如鼗（陶）鼓，从鼓柄入寨门，其径险仄。"有民谣也称："悬崖脊上建寨楼，一夫当关鬼神愁。"为抵御外敌，一座寨门楼远远不够。鱼木寨悬崖三叠，每一层崖间有缓坡过渡。为保寨顶安全，阻断缓坡通路，清嘉庆年间，鱼木村人在寨东青岗片和寨西垛子片的层岩下各建石寨楼一座，石寨墙一段。但由于年代久远，日晒雨淋，寨楼被毁，现在只余下青岗片寨墙200余米，东西走向，皆用0.8～1.2米规整条石垒砌而成。

从明洪武二年（1369年）至清雍正十三年（1735年），鱼木村一直是土司军事要塞，留下诸多栈道、关卡等军事遗址(现鱼木村的军事遗存包括寨门楼1座、寨墙2段、卡门3座、栈道2段)。民国初年，川军司令方化南住鱼木村，仍在鱼木洞中造枪制炮，并屯兵张凤坪下兵洞。

鱼木村卡门大都在清嘉庆年间修建，原共有六座，现仍存四座，即三阳关卡门、鱼木洞卡门、大岩洞卡门和兵洞卡门。这些卡门全用规整条石垒砌，一般厚在2～3米，高3～5米，长方形门洞，卡门隘墙的外沿一般都有垛墙高出。三阳关卡门位于鱼木村北侧三阳关，向北直通张凤坪，是北出鱼木

三阳关卡门北面（向轼 摄）

三阳关卡门南面（向轼 摄）

村的唯一通道。石门洞的宽度仅容两人同时通过。卡门旁绝壁上镌刻着"三阳关"三个隶书大字。两旁悬崖挟持，迎面太平岩遮挡。岩上古木参天，岩下溪涧奔流。

鱼木洞卡门和大岩洞卡门分别位于鱼木村二层崖间鱼木洞东北侧和东北三层崖间大岩洞北侧，现已局部损毁。从残存部分看，在卡门外沿皆有垛墙高出。

鱼木村还有两条保存相对完好的栈道：三阳关的"手扒岩"和寨东二迭崖壁的"亮梯子"。这两条栈道的共同点是直接镶嵌在悬崖上，"手扒岩"是直接在石壁上刀砍斧切而成，"亮梯子"则是在绝壁上砍出槽洞再镶嵌条石而成。

"手扒岩"是三阳关最惊险的地方，位于三阳关卡门前崖壁上，共两段。一段为直接在崖壁上挖凿而成，共32步，每步宽约50厘米，穴深20厘米，形如新月，笔直向上，为古人进寨要径。另一段是位于"手扒岩"旁的"之"字形石栈道，

手扒岩（向轼 摄）

亮梯子（向轼 摄）

穿过数十米高的悬崖，约长20米，修建方法与"亮梯子"栈道相同，悬崖上插石桩，然后再铺上石板石级，不同的是梯步之间没有缝隙，攀爬其上，恐惧感没有爬"亮梯子"强烈。三阳关藏于老崖缝隙中，"手扒岩"还有卡门把守，雄关险峻，真可谓"人在卡内不知卡前有路，人行山外不知崖内藏关"。"亮梯子"栈道位于寨东二选崖壁上的梯子岩处，从"亮梯子"下方（乾隆三十七年所立"万福同缘"碑上"盖明以来……"）和"亮梯子"上方梯子岩崖上民国十九年（1930年）的题刻记载看，从明至清到民国时期，"亮梯子"曾经几经修废。现存的"亮梯子"，除上下引梯共29级，每级用长约1米、宽约40厘米的石板，一头插入岩壁，一头悬空形成登天云梯，从每两级间的空隙处，都可直视万丈深渊，令人胆战心惊。

如今，卡门和栈道不再具有军事防御功能，随着公路的修通，村民外出也不再攀爬这一条条险道。但只要回眸这些旧物，难免会让人想起鱼木村的艰辛过往。

二、墓葬碑刻

鱼木村除军事遗址保存较为完好外，精雕细刻的墓葬是鱼木村又一大特色。此地现存古墓葬共11处，都位于松树湾。其中清代以前大型墓葬2座，清代以后大型墓葬9座，皆为当地富人所修的生基，松树湾因生基集中而得名"生基嘴"。现存的大型墓葬多数为墓主生前所修生基。

"双寿居"是现存最完整的碑屋，位于鱼木村祠堂湾，建于清同治五年（1866年），共三门二进，俨然一座院落，前两进门。第一进为墓院，条石铺地，靠外为雕花石栏杆，左右各有一门可出入，左边门楣刻荣归人物图，背面雕成扇面刻"万年芳"三字，浮雕凤凰牡丹、戏虎图等；右边门楣刻"千秋乐"三字，浮雕"双凤朝阳"等，门顶上方均为弧形庑殿顶；靠里是进入拜台的大门，石刻三层翘檐瓦顶，门额阴刻"双寿居"，双龙缠绕，花卉满壁。两边楹联写道："龙真穴正地　砂明水秀乡。"门两边是石雕栏，成"八"形展开，栏墙正面的左右

双寿居入口外侧

双寿居碑屋连接处

双寿居墓碑

双寿居入口内侧

（以上双寿居图片均由向轼拍摄）

两边分别刻一大草书"福"字和"寿"字,背面分别刻"火烧赤壁""乌泥河救主"戏文图。拜台亦用条石铺成,两侧壁下各立墓志一块,楷书阴刻,文字清晰。大门距墓碑约4米,墓碑两端树墓柱,碑分三厢三层,底层里刻墓主人姓名及生卒年月,外嵌镂孔雕窗,整个墓碑刻满房廊屋宇、龙凤花鸟、人物戏文等图案,工艺精湛,栩栩如生。

向梓墓,位于鱼木村西边松树湾,也建于清同治五年(1866年),占地约10平方米,墓前有刻于清同治五年(1866年)的圆弧形庑殿顶墓碑、亭台楼阁式牌坊碑、石雕屏风牌坊共三座。亭台楼阁式碑三厢三层,正面"皇恩宠赐"匾额雕五龙护卫,羹金涂彩,闪闪发光。碑身密布各类戏文人物、花鸟形象浮雕和楹联文字石刻,正面是一四柱四方亭台。亭台的下方顶部阴刻一凤首龙身交尾物组成的"福"字,字体直径大约一米,周边刻八卦兼博古图案,该字粗

向梓墓(向轼 摄)

向梓夫人墓(向轼 摄)

看是画,细看是字,字画一体。

与向梓墓同时竣工的还有向梓夫人阎氏墓,此墓为牌坊复合式,正碑为组合式立柱形,通高2.5米,其形制在国内少见。正碑由四层组成:底层为方形立柱,正面阴刻楷书"向母阎孺人墓",边框雕饰花纹。立柱之上是边长大约40厘米的立方体,四周镂空,四角呈小方柱,上楣雕饰窗格纹。正面透雕手拿"一团和气"的大阿福。第三层为覆斗座,座上如瓜似鼓。第四层为莲花座,上托圆球顶。主体部分及四周石柱均有丰富的雕饰,工艺十分精美。除此外,其他墓葬均损毁严重,但从其遗留的墓碑及雕刻遗迹可窥见曾经美妙的设计和精湛的工艺。

三、传统民居

鱼木村古民居有木结构民居和岩洞民居两种类型。木结构民居大多都为清至民国时的青瓦木房,四合院式,负阴抱阳,十分讲究朝向。现今鱼木村所存重要木构建筑有6处,其中三处为清代遗址:老房子(又称上老房子)、学堂、张凤坪;另外三处为民国遗址:连五间、六吉堂(又称下老房子)、新湾。这些建筑虽大小有别,但均为典型四合院式,厅堂、两厢、天井齐备,另有外院朝门。建筑就地取材,砖、木、石混合结构,但在关键或显著部位常用石材构成既有实用功能又有装饰效果的石制部件,如石基、石础、石栏、石柱、石阶等。这些古民居中,尤以老房子、六吉堂和连五间最为著名。

老房子(又称上老房子)和六吉堂(又称下老房子)位于寨顶台地中心,是寨中古民居的杰出代表。老房子坐南向北,两进两厢一院建制。院坝用规整条石铺砌,檐下柱础精雕细刻,主体为穿斗式木构架,朝门为石构,门框宽厚,上施拱圈,石拱与石柱结合处,嵌一对饰以卷涡纹(俗称菜叶花)的浮雕构件,门前有石梯9级,整个石门高居石梯之上,庄重气派。

六吉堂位于老房子前侧坎下。该屋始建于清末,建成于民国九年(1920年),建筑面积1000余平方米,两进院落,中心天井用规整块石铺设。两厢

老房子全景

老房子石门和阶梯

老房子木架构

老房子门前菜叶花浮雕构件

老房子石质基座

老房子二楼护栏

（以上照片均由向轼拍摄）

房的楼下即为大门,楼上有"转千子",又称走马转角,两厢彩楼迂回,堂前抱厦高耸,飞檐翘角,朱漆生辉,柱上楹联对出,字秀意惬;基座高出院坝,正中有石梯五级通院坝,左右两侧是石砌栏墙,栏墙上雕有人物山水图案。正屋前廊左右栏墙各嵌石刻一块,由当地居民向光远于民国九年(1920年)立此碑文,正楷阴刻《南阳柴夫子训子格言》,书法稳健,刀法娴熟,长短句式,语言生动。

六吉堂朝门前是一块宽阔地坝,周边环绕一圈青翠松柏。朝门向东侧开,与传统民居开门与墙壁成一平面不同,此门与房屋面壁形成一定夹角。当地俗语曰:"连五间正,老房子歪,张凤坪的大门横起开",道出了这些古老民居中

六吉堂全貌及六吉堂斜开的朝门

六吉堂天台围栏

六吉堂《南阳柴夫子训子格言》碑刻

六吉堂正屋抱厦

(以上照片均由向轼拍摄)

的和谐观念。"连五间正",是指组成"连五间"的两个四合院(每院五间即一个厅堂,四个厢房)并成的一个大院合开一个正门;"老房子歪"暗指六吉堂的朝门歪着开,张凤坪房子大门不是开在正面而是开在侧面叫"横起开"。"六吉堂"老房子的大门斜开后,其正框没有与进院正中堂的正厅梁柱垂直面对,当地人又称"歪门正道"。原来,鱼木村的村民建房特别讲究朝向。房屋门前若受地势所限,不能开门进出,就将大门开在侧面,谓之"横起开";若房屋对面山势太恶,影响到正房的和谐,就要将大门的门框移动改向与院内正厅偏斜,不正对,斜起开,谓之"歪"。

连五间,即五间大房(当地人称"堂屋")连在一起,从西到东分别为堂屋—歇房—大堂房—歇房—堂屋—歇房—大堂房—歇房—灶房,即每个堂屋两侧均有歇房。五间房用一单廊连通,横跨两个院落,属于一排双院的形式。由于净空较高,歇房处被分隔出一夹层,用来贮藏食物、器具。两个院落大小不一,等级也不尽相同。西面院子大、等级高,大堂屋为宴请宾客所用,入口架空层停放轿子,二层为一圈跑马廊,架空楼上为戏台;另一院子大堂屋作为祠堂,入口架空成为孩子们玩耍的场所,有时也用来堆放谷物,其二层为后厢房。三幢民居建筑均为典型的四合院建筑形式。结构上厅、堂、两厢、天井齐备;住宅、祠堂、玩乐空间合一,崇礼教、尊祖先、聚宗族的理念得到充分体现。

连五间侧面图(向轼 摄)　　连五间内景图(向轼 摄)

鱼木村因高悬地势造就很多宽阔岩缝和岩洞，岩缝和岩洞冬暖夏凉，遂成为居住之所。旧时很多居民喜爱穴居。加上高山石头资源充足，明清以后，房屋、家具多用石作，造型苍劲古朴。据统计，鱼木村周围崖壁上的洞穴居遗迹共有43处。中华人民共和国成立前，岩洞住户达120余户，中华人民共和国成立之初这里仍有80余户。1984年以后，这些"洞户"陆续搬出岩洞，住进新房，截至2019年，仍有两户住在当地崖居中的典型形态——"偏岩洞"[1]里不愿搬出，

偏岩洞（向轼 摄）

---

[1] 偏岩洞是石英砂岩峰林地貌在山体构造时形成的一种独特的地理现象，形成的原因有两个，一是在造山运动中，因巨大的振动使其岩石从岩壁上脱落而形成；二是在造山运动结束后，岩层底部的泥沙因风吹雨打，脱落流失而形成。偏岩洞有的在万丈悬崖，有的在层层山岩交接处。可供人类居住的偏岩洞，大多在层层山岩的交接处。因为这样的偏岩洞便于人们出入。现在住人的偏岩洞又叫"岩壁居"。

偏岩洞冬暖夏凉，方便牧耕，生活成本低等是主要原因。偏岩洞民居的名称多根据住户名来命名，如涂五元岩洞、方春桃岩洞、谭宗荣岩洞等；也有依据物产和地形来命名的，如盐老鼠岩洞、瓦场岩洞、老鹰窝岩洞等。这些偏岩洞洞高一般在20米左右，面积在数百至一千平方米之间，洞内通风采光，干燥宽敞，冬暖夏凉，适宜居住。另洞外多为缓坡，竹木葱翠，景色宜人，便于耕作，也便于生活。

在张凤坪老房子旁，还有一处学堂遗址，建于清代中期，坐南朝北，四合院式，建筑面积2000平方米左右。鱼木村没有正规学校之前，此地一直担任为当地培养人才的角色。因年久失修，学堂局部受损，有些地方被作他用。距其西侧50米的巨石上矗立一字库塔。塔用条石封砌，建筑年代不详，四边三层，第二层北面有一个圆孔，就是用来焚烧废纸，这是鱼木村古时"兴学尊教"的实物例证。烧纸口漆黑一片，仿佛字纸刚刚焚烧殆尽，轻捻尘灰，能让人追忆旧时学堂兴盛的场景。鱼木村过去断文识字的人很少，村民对标有文字的纸张或其它物件怀有敬畏之心，遇见这些东西后，不敢随便丢弃，于是便将它们投到字库塔内焚烧，村民以这样的方式表达对知识的尊重和虔诚。

字库塔（向轼 摄）

字库塔烧纸口（向轼 摄）

四、望族向氏

鱼木村村民中向姓人数最多,占村民总数的 75% 左右;其次是谭、邓、王等姓,约占 20%;还有少量成、涂、蒲等姓,约占 5%,这些姓氏都零星散布在各个组。

村中向氏家族是明初"湖广填四川"迁来的移民,是向正路的后裔。据族谱记载,正路之父向伯英配白氏共生九子,又称九君,第九子即为向正路。九子分为九房,子孙繁衍,散布江西、湖北、四川、陕西等省份。正路公(向伯英第九子,又称第九君)元至顺二年(1331 年)生于湖北黄州府麻城县孝感乡永康村黄金坪,幼年登第,后任建昌县知县,接着又升至潼川州牧(四川三台县的最高行政长官)。于明洪武元年(1368 年)卸任,无意仕途。遂退居夔府(奉节县)住西门外,于正月十四日得一梦兆:"身骑巨龙向南而行。""公次日乘船随江而上,寻访至万邑之南浦(今万州),有一地名叫大龙溪,梦兆即验。公遂斩荆棘而居(今桂花寨),卒于永乐六年,享年 78 岁,葬万州大龙溪的打纸坪瓦铙坳与吴祖母合墓。"正路公即为鱼木村向姓家族的始祖,明初卜居四川大龙溪。此说法也可从向梓墓主碑前原牌坊,两柱书刻楹联得以证实,楹联写道:"溪号大龙彼是当年发迹地,寨名鱼木此为异日返魂乡",点明墓主生(四川大龙)卒地。后向氏家族因人口增长扩张土地至鱼木村。

向氏家族世代崇文尚学,走出不少读书人。杰出历史人物当属向梓和向全恕。出生于清晚期的向梓"秉性嗜钓,适情山水,有隐居之乐。其妻阎氏教子相夫,善事翁姑,体恤贫乏,乡党交口称赞。其子霖斋,品学兼优,例授入国子监"。年逾古稀时,向梓及阎氏"膺彤廷宠赐",朝廷赐赠向梓九品封典,官虽小而名声显赫。因其积极向朝廷纳贡并响应皇帝招兵作战之需求,深得皇帝恩宠。死后其墓碑上赫然刻有"皇恩宠赐"字样,可见其在世时的地位。

向全恕是向梓的第五代子孙,自小就在六吉堂学习,勤学苦练,发奋图强。20 世纪 40 年代,他在 19 岁时考上重庆中央大学,后因祖母病危,放弃大好前途回到鱼木村,此后定居此地。在鱼木村生活期间,他发现,鱼木村交通闭塞、求医困难,众多村民因无医治病而早逝,自幼好学的他决定学习医术,救济一方。

年过半百仍苦心钻研，不出三年，他就凭借自己的医术，赢得了乡邻的一致好评，成了乡间名医。在行医过程中常遇人求助，解决家庭矛盾和邻里纠纷，又深感学习法律之必要。当时已72岁的向全恕为更好地帮助村民而自学法律，并于4年后学习大学法律专业知识。后因此地教育资源稀缺，向全恕又有留学经历，曾被当地大兴学校聘为英语教师。

走近

金龙村

——商路连鄂川 忠孝美名扬

利川市文斗乡金龙村的历史可追溯至明朝初年,是汉族、土家族、苗族等民族的聚居区,曾是新民主主义革命时期鄂川边红军的革命根据地之一。村落较完整地保存了清至民国时期边区集市样貌,现存中共湘鄂西中央分局十字路会议旧址、"红三军军部"旧址等多处红色文化遗址,还有十字路老街、何家老院子等少数民族特色民居。2019年6月,住房和城乡建设部等6部门公布了第五批中国传统村落名录,金龙村名列其中。

一、金龙村概貌

金龙村坐落于福宝山南部的山岭之间,全村总面积约12平方千米,地处利川市与重庆市石柱县交界处,在恩施州利川市西南部、利川市文斗乡东北部,与忠路镇理智村接壤,距文斗集镇约15千米,距利川市城区约74千米。金龙村旧属土司辖地,"改土归流"以后属忠路汛怀德里,民国时设文斗乡,后属文斗辖地。中华人民共和国成立初属忠路区,1958年属文斗人民公社,1984年属文斗区,1996年属文斗乡至今。金龙村向东南可至湖北咸丰,向西南可经文斗乡至重庆彭水郁山、黔江,向西可至石柱,向东北可至利川城区。四邻北为高峰村、南为板桥村、西为青山村、东为理智村。

金龙村传统农家民房及院落(刘安全 摄)

金龙村地貌以山地为主,山岭重叠,地势四周高、中间低。地形以山岭、垭口、槽地为主,最高处为村西边山岭抗金龙。村内有对窝坝、仙女嵌、白杨坪、七枧槽、姊妹店、核桃园、官山、牌楼、抗金龙、大石坝、清水塘、大窝凼、冉家等自然聚落。地质结构以喀斯特地质为主,为石灰石山,多有溶洞。

金龙村名形成较早,源于村寨西边的金龙山。相传很久以前,金龙山上有一户富裕人家,夫妇两人常置办一些金银饰品。但夫妇两人胆小怕事,怕金银"现白"被贼人惦记,便想方设法将金银等贵重物件藏起来。夫妇两人想来想去,觉得藏在家里哪个地方都不合适。最后夫妇两人决定把金银藏在火塘的炕上,一来那个地方主人随时可以看见,二来没有谁会想到这个地方能藏住贵重之物。周边的人知道后,都笑称"别人家里炕上炕的是腊肉,他们家炕的却是金银,真是大不同",口耳相传,"金龙山"便成了"炕金银的地方",称为"炕金龙",后来,这个村寨也被称为"金龙村"了。

据清光绪版《利川县志》记载,金龙村在明朝初期已经有人定居,曾为忠路土司辖地,人烟稀少,至清"改土归流"后,土司属地解禁,才有外来人口由南方陆续迁徙而来。村内主要姓氏有何、陈、杨、张、翁、蔡、郭、黄、黎、冉、姜等。根据何、陈、杨、李、张等姓氏家族回忆,这些人家祖籍多为江西,大多于清乾隆时期经湖南、贵州等地迁入金龙村定居。金龙村村舍聚落和人口分布"北聚南散"特征明显。北部以"十字路"集市为中心汇集,其户数和人口数占全村总量一半左右;南部自然聚落以2~3户、4~5户小型聚落零星分布。

何氏家族是金龙村人口最多的家族。据新修的《庐江十字路何氏家谱》记载:"十字支系属泸江始祖,何公(韩)鉴图,号安静。先由安徽泸江迁浙江龙泉,福建莆田,江西临江新喻定居。而后,志海公再迁湖南常德东门外定居,第十代祖啟厚公因家乡常年遭水灾,难以生存,故历经千辛万苦,携带家小到利川'十字路'(水井湾)定居。家安妥当,啟厚公重返常德接送啟文公一同来到'十字路'(马鹿池)定居。至今已有二百六十多年之久。"

陈氏家族原籍江西,相传为陈友谅后裔。明时因"江西填湖广"大移民,从江西迁贵州,籍在贵州省镇远府镇远县干子山(音)西里二甲,时家族人口3000余人。传有30字字派:"孟天家元世,学德维朝宗;本之百太远,长华沁人心;千子顺志国,五凤起文龙。"清时先祖陈家来携妻儿来十字路定居,住核桃园。

杨氏家族自称为宋代杨家将杨六郎后裔,最早由杨朝先于清乾隆二年(1737年)由安化县核桃坝迁入金龙村"十字路",历约十代。其字辈"再正通光昌胜秀"

与湖南靖州、贵州松桃等地杨氏相同，可推为"飞山公"杨再思后裔。杨氏迁到"十字路"之前，安化县老宅地势低下，家园几乎每年遭洪灾。于是，杨氏先祖决定迁移，希望找一个高处安家立业，后来来到"十字路"，看到高山林密，山岭间有大块田地，正是安居的好地方，但又怕下大雨时被水淹，就选择在山梁子（垭口）处建造老屋。

二、十字路古道

金龙村由于地处鄂川（渝）边区，有东北向西南及东南向西北的两条古道在此交汇。两条大道相交呈"十"字形，因此，也被称为"十字路"。相传鄂川边古道历史久远，至清朝中期发展至鼎盛，成为盐帮、马帮及商贩行走的大通道。"十字路"作为鄂川（渝）两省边地大通道的商路驿站，因商而兴。随着时间的推移，"十字路"逐渐演变成鄂川（渝）边地重要边贸集市。清光绪版《利川县志》记载"利川山僻，绝无富商巨贾。民间米盐交易或期以三日，或期以五日。其交易之区曰场，亦有市镇街店称者。县治及忠路丞南坪建南两巡检驻处，

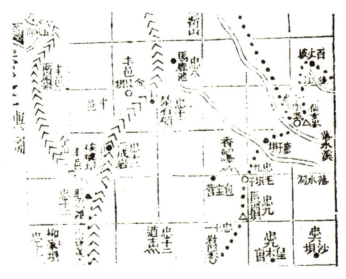

光绪《利川县志》绘金龙村（十字路场）地理位置

商旅不以场名,其余村坊野市所在其多"。其中清光绪版《利川县志》记载"县西南一百九十里一曰十字路(八保),一名中正场"。因有村野市集,故能聚人,遂成村落。在民国时期文斗乡建制之前,"十字路"是文斗乡一带重要的政治和商贸中心。

在金龙村长达数百年的历史中,受各时期战火、生产方式变迁等因素影响,现存文化遗产数量不多。其中自清代就有的"十字路"集市老街、代表儒家文化的关庙、特色经典民居何家"老店子"保存较为完好。

金龙村"十字路"老街,建街时间最早可追溯到清乾隆年间,集市老街有吊脚楼民居、四合院民居和店铺等类型的木质民居建筑四十余栋,以及文庙、武圣庙、财神庙、禹王宫、家族祠堂等传统庙宇和会馆建筑五座。清乾隆年间在此设场,名为十字路场。相传十字路老街全为木质四合院民居,屋脊高大,出檐高挑,将整个街道笼罩其中,天晴不见阳光,雨天不漏滴水。后因某年大雪压垮了老屋檐,十字路老街又重新修建,才成了现在的样子。

十字路老街铺面、青石板(刘安全 摄)

现存老街长约 150 米，宽约 4 米，其中有保存较完好的关庙和民居"老店子"。"十字路"是自清以来，忠路、文斗、重庆石柱等地人、货往来重要交通要道，商业较为繁盛。"十字路"老街作为传统商业场镇，公共设施较为齐全，旧时有武圣宫（关庙）、文庙、财神庙、禹王宫等建筑。商业店面排列，骡马、挑夫、商贩时时可见。逢旧历三、六、九日赶集的习俗至今仍在。

十字路关庙院坝及正殿（刘安全 摄）

金龙村曾有公共建筑 4 座，包括武圣宫、文庙、财神庙和禹王宫传统建筑。其中多数建筑因年久失修、战火等原因被毁，现仅存武圣宫（关庙）。

武圣宫（关庙），位于金龙村"十字路"老街，坐北朝南，砖木结构，一楼一底，周围用砖墙围砌，面积约 688 平方米，主体结构保存完好，但木质装饰件及室内用具皆失。一些穿枋被锯掉，山门前石狮子、门窗、板材均已不见踪影，仅留木柱结构及瓦顶。武圣宫观音堂始建于清嘉庆年间，共三进两院，通进 43.85 米，面阔 15.65 米。第一进为山门，砖木结构，大门上楷书阴刻楹联一副："并魏吞吴万古纲常尊一统；恭兄爱弟千秋义气重三分"。大门内过厅为戏楼，

十字路关庙山门和内部结构（刘安全 摄）

通高9米，进深8.6米。经过厅上七级石阶，为院坝，条石铺成。再上七级石阶为正殿，为四列三间全木结构，进深12.5米，通高8.2米。中间两列为抬梁，两边为穿斗。正殿后上石阶五级至后院，后院房屋为全木结构，高6.2米。有天井一口，宽3.8米，进深4.4米，高0.5米。天井两边为过道、厢房，厢房为全木结构，高5.6米。

关庙有武圣宫碑1方，嵌于左边石墙中，总体为长方形，碑头梯形，高100厘米，长60厘米。碑头刻"武圣宫碑"4个大字，碑身刻小字，主要记载徐登潮防贼保村寨平安的事迹，碑文共19列，每列约28字，字迹模糊。

"十字路"关庙于1987年被利川市政府公布为市级文化保护单位，并获专款进行维修，于2011年被恩施州政府公布为州级文物保护单位。

禹王宫是"十字路"在清朝时期最精致的建筑。相传为修建禹王宫时，有

关庙武圣宫碑（刘安全 摄）

专人前往北京打样,历时两载才回。禹王宫建筑精巧,墙头塑有神将,内有戏楼、天井、院坝、厢房等。清嘉庆年间拔贡贺伯原募资修建文斗禹王宫时,就参照了"十字路"禹王宫进行仿建。可惜禹王宫后被拆除。

三、文曲冲牛斗

金龙村"十字路"何氏一族以书礼传家,世代耕读,文风颇浓,子弟多考有功名,从啟厚公三子何以琏始,共考取进士18人,其中何书淮、何秉礼父子同时上榜光绪乙未科进士。何氏家中常制励志、督学及功名牌匾。相传何氏老宅共有48块匾额,多已遗失,仅存两块。何泽伍收藏"进士祥盛号"匾一块,长约1.7米,高约0.65米,黑底金字,牌匾以"进士"二字双钩阴刻为底,"祥盛号"以红底烫金阳刻为面,牌匾右中竖排"光绪乙未祥",左中竖排"何秉礼立"等字样。金龙村核桃园发现"有志竟成"励志牌匾一块,长约1.8米,高约0.8米,上书"有志竟成"双钩阴刻大字,右中有"山贤契游泮之立"竖排楷书,左中有"通家弟□崇齐赖宗德 咸丰七年"等楷书字样,右下文字不清。

老店子何泽伍收藏的进士匾(刘安全 摄)

据《何氏家谱》考证,何氏共有12人有科举功名:何以琏(承德郎,六品职衔)、何以明（登士郎）、何其华（待承郎）、何其俊（邑武生）、何其学（待承郎）、何其远（公武生）、何书和（太学生）、何书浩（进士，来凤县令）、何书维（进士）、何书善（七品秀才）、何书礼（公夫子）、何秉礼（进士）。有人称赞何氏一族文风鼎盛，人才辈出，文光射斗，"文斗"之名由此而来。

除父子同榜的佳话外，何家能人辈出，有的成为知名乡贤，有的成为人民教师，有的成为剿匪英雄。何仕瞻（字子旺，号云偕），利川县志载：善人，以友爱济贫著称，乡邻有贫困卖妻卖子者，出资赎回，素有善名。同治元年，有贼匪入境，不入其室。何书松善经商，素重信用，以开钱庄为业，当现银不足时，给客户开具信票，在施南府通用。市级劳模何传云，生于1925年10月7日，参加过抗日战争，1949年随部队起义加入中国人民解放军，1955年退伍回乡，参加工作，而后自动辞职回家务农，先后任龙坪村中心组长、生产队长，在此期间三次被利川县评为劳动模范，2015年被中共中央、国务院、中央军委授予

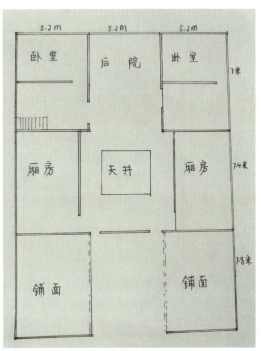

十字路何家老屋老店子（刘安全 摄） 　　平面布局（刘安全 制图）

抗日战争胜利金制纪念奖章,并享受优抚补贴。何老为人忠厚诚信,固结邻里,实为家族之楷模,德高望重之典范。

何氏曾立有祠堂,位于"十字路",始建年代不详。清光绪壬申年间文斗乡何氏曾在此祠堂召开族会,进行合族并派仪式。相传祠堂占地约200平方米,为木质两层结构,四列三开间,因年久失修被毁。清光绪年间,文斗何氏有"十字路"、沙溪、忠路芭蕉湾、小河何家湾、龙塘船屋子和文斗堡上六个支系,字辈混乱。清同治十一年(1872年)各支系长辈共同协商,在十字路街上何氏祠堂召开合族论辈会议,并六支为一,立定33字字派:"志维斯德,天奉嘉可,希启以其仕,书礼传家泽,文章华国基,门庭多吉庆,盛代乐雍熙"。会上选举何传国(何联山)为族长,族人同在祠堂祖宗牌位前下跪共饮鸡血酒,以认同会中决议,从此各支系和谐相处,称呼论辈不乱,家族团结。

现存何氏家族老房子有十字路店铺"老店子"和后街"老院子"两处。"老店子"位于金龙村一组,为四合院式,全木结构,建筑面积约240平方米。面阔三间,两进一院,有前堂、正屋及左右厢房,保存较好。截至2019年,"老店子"仍有几户人家居住,其中年龄最大者何泽伍为利川市文管所捐赠贺龙用朴刀1把。

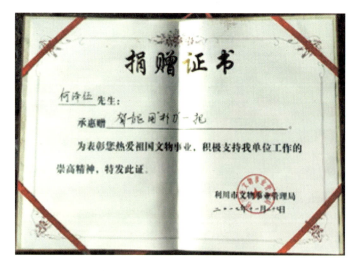

何泽伍捐献贺龙"朴刀"的荣誉证书(刘安全 摄)

后街何氏老院子占地约400平方米,依山分三个阶序,呈两个四合院格局。主建筑为四列三开间,开间约5米。依山就势呈阶梯布局,两边厢房垂直于主房延伸,架于下一阶序主房侧顶,与下阶主房构成完整四合院。

十字路后街何氏老院子,1934年曾作为红军伤员养伤处(刘安全 摄)

四、忠孝传家远

"十字路"陈家以忠孝传家,家族中盛传"陈家不分梨""万人共饼""子狗孝母"三个故事,反映陈氏家族对子孙忠孝品行的教导。

相传在明朝时,陈氏家族住贵州镇远,家族繁盛,人丁兴旺,不遵官府分家令,从不分家，家中总人口达到3000多人。官员第一次调查户口时，见陈家人多势众，"崽崽在河里洗澡，就像蚂蚁一样，黑压压一片"，就带了一个梨给家主，暗示陈家要分家分户。陈家人认为，陈家讲孝道，同一个祖宗，千人一条心，别人家都按皇帝的意见分了家，我们陈家永不分离。

官员第二次到陈家时，带了一个饼。族长将饼用石碓冲成粉，再兑上几挑水，给族人分食。官员奇怪："上次来时，给你一个梨，族长一人吃了，这次带了一个饼，你冲水给大家吃，为何呀？"族长回答："上次那个梨，我们人多，有3000多口，崽崽又多，不好分，又不好放，我只好吃了；这次这个饼，好分，但人更多了，只有磨成粉，才能分得全，我们陈家感念官家恩典，吃到嘴里，记到心上。这叫万人共饼。"

陈家家族团结，人多势众，所住的寨子里共养了100条狗。官员第三次到陈家调查时，带了100个包子，族长把100个包子分给了100条狗，狗子得到了包子，都含到嘴里不吃，其中一条狗含了一个包子，跑到一条已经老得动不了的母狗旁边，将包子喂给老母狗。等老母狗吃了包子后，其它狗子才慢慢把包子吃了。族长对官员说："今皇帝以孝治天下，我陈家忠心可鉴，谨遵皇命，忠君孝亲，连寨子里的狗都深受感动，更何况人呢？"

五、红星耀山乡

金龙村是第二次国内革命战争时期红军革命苏区，贺龙、刘汉卿等领导的红三军、鄂川边独立团在此开展了长期的革命斗争。1934年2月上旬至3月中旬，刘汉卿率红三军游击独立团在利川境内游击，沿途经过金龙村。

1934年4月10日，红三军从咸丰活龙坪抵达利川文斗金龙村（十字路）休整，这是红军第10次进入利川境内进行游击活动。红三军游击独立团得知这一消息后，刘汉卿、花顺涛率部从白羊塘经小河抵达十字路，与红三军会合。红三军决定将红三军游击独立团改编为"鄂川边红军独立团"，任命刘汉卿为团长，花顺涛为政委。休整期间，军部驻大店子，贺龙住在何传青家中。

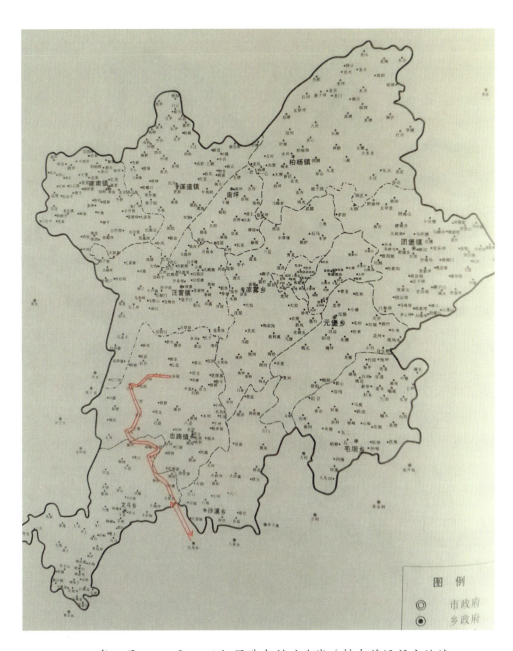

1934年4月10日至19日红军进出利川路线（摘自范远福主编的《利川革命老区实录》，该资料由利川市老区建设促进会、利川市扶贫开发办公室于2012年印制）

1934年4月10日,中共湘鄂西中央分局在十字路关庙观音堂召开了具有重要意义的十字路会议。贺龙在大会上讲了话。他说:"我们红军是工人农民的军队,只有坚决打倒土豪劣绅,穷人才有出路,地方才能太平。兄弟们参加红军后,要敬老爱幼,对老人要像对自己的父母一样尊敬,对年轻人要像一个娘生的兄弟姐妹一样相亲相爱。若有奸淫霸道,违反军纪者,自己挖好坑,再枪毙"。慰问大会结束后,红三军给游击独立团战士每人发饷4元,衣服1套,还给独立团补充骨干,发长枪40支,短枪12支。这时,游击独立团有300余人,枪100余支。根据中共湘鄂西中央分局十字路会议决定,正式成立"中共鄂川边工作委员会",冯义发任书记,刘汉卿、花顺涛、田特派员、李绪先(李挎包)为委员;将红三军游击独立团更名为鄂川边红军独立团,将原来的4个中队改编为4个大队,正式任命独立团的干部。

湘鄂西中央分局十字路会议于4月14日作了《关于发展鄂川边区苏维埃运动任务的决议》的报告,决定把鄂川边游击区域扩大到利川、石柱、黔江、咸丰、宣恩几县区域,提出了开展农民运动,建立苏维埃政权的斗争纲领。即"①取消租课,没收地主阶级土地,平均分配给贫雇农、中农和兵士。②反抗一切苛捐杂税。③没收地主富豪粮食,分配给没有饭吃的穷人。④取消一切高利贷。⑤增加工人工资。⑥取消保卫团、夺取地主武装,组织赤卫队、游击队和红军。⑦逮捕和杀戮土豪劣绅。⑧优待红军家属和保卫伤病战士。⑨推翻国民党政党(权),组织工农兵代表会议的政府。⑩反抗帝国主义,驱逐帝国主义出中国"。

1934年4月11日清晨,红三军军部周念民带领红军战士60余名从金龙村(十字路)出发攻打国民党忠路区区长张尧虞在龙塘镇设置的税卡。他们提前在税卡周围埋伏,先由化装成商人的10余名红军战士挑着货郎担来到税卡,佯装进饭店吃早饭,趁敌人强行检查担子要上税的忙乱之机,冲破税卡。埋伏的战士一拥而上,毙敌8人,俘敌20多人,缴枪30余支。

1934年4月15日,红军离开十字路前往小河。此时,敌新三旅薛芝轩团妄图消灭红军。贺龙料敌有此举,特派出战士扮成农民、石匠和商人等到四面八方侦察敌情,得知薛部1000多人已到狮子坝,准备取道寒坡岭进犯小河的消息后，贺龙让农民李代好带路，到寒坡岭观察地形，布下"口袋阵"。4月18日上午，薛部先头部队在一个姓齐的连长带领下，进入寒坡岭伏击圈，被红军快速包抄。红军在干河沟桥边封锁其退路，经一个多小时激战，毙敌10多人，俘敌100多人。敌后续部队行到谢家坝，得知战况，不敢驰援，落荒而逃。红军乘胜追击10余里，又毙敌3人。

1934年4月中旬，红三军主力撤离利川，经四川进入贵州，投入创建黔东苏区的斗争。为了配合新革命根据地的开辟，中央分局决定，留下鄂川边红军独立团，继续坚持根据地的斗争。4月下旬，工委在利（川）咸（丰）边区的活龙坪召开第一次会议，工委委员冯义发、刘汉卿、花顺涛、田特派员、李绪先参加了会议。会议讨论了贯彻中央分局"十字路"会议决议，并做出三项决议：①工委机关设在活龙坪，驻金家洞，并组成独立大队，由王文成率领，活动于活龙坪周围，保卫金家洞和黑岩角红军伤病员的安全；②成立独立团临时后方医院，设在黑岩角洞内；③建立临时兵工厂，设在活龙坪，组织会铁匠手艺的战士，筑炉制造梭镖、大刀，以弥补独立团武器不足。从此，鄂川边红军独立团以"十字路"会议决议为指南，在鄂川边区开展了艰苦卓绝的武装斗争，创建了可歌可泣的业绩。

1935年2月，刘汉卿再次率鄂川边红军独立团途经金龙村。1941年，四川阆中县共产党员廖曙华到金龙村，以教书为掩护，从事革命活动。

四野茫茫，山川悠远。边地集市的喧嚣、关庙的庄严肃穆、古街牌匾上的斑驳字迹以及红军战士的英勇顽强，这些历史的印痕都散落在鄂西南边陲的群山谷地之间。金龙村，不过占地百亩的偏僻乡集，却也有着历史的厚重。驻足金龙村，边地少数民族的往昔生活重被唤起，历史的记忆重被捡拾，她见证了近代以来鄂川（渝）边地的社会变迁，承载了乡民朴实无华的生活，颂扬了劳动人民艰苦奋斗的革命精神。

高仰台村

——高山仰止地　庄园传奇事

　　高仰台村风景秀丽，历史悠远，人文底蕴深厚。充满传奇色彩的李盖五庄园、气势磅礴的龙桥峡谷以及昔日繁华的兰田沟都默默地见证着高仰台村的沧桑巨变。2019年6月，高仰台村入列第五批中国传统村落名录。

一、高仰台村概貌

高仰台村地处湖北省恩施州利川市境内东北角,属柏杨坝镇下辖村,位于镇政府以东约 28 千米,是全镇比较边远的村,东与重庆市奉节县吐祥镇接界,西、南、北三面均与柏杨坝镇属龙山村、龙丰村、水井村、柏林村、龙驹村、木井村相连。高仰台村辖 17 个村民小组,全村东西宽约 10 千米,南北长约 12 千米,森林覆盖率达 62.14%。(据高仰台村村委会 2019 年统计数据)

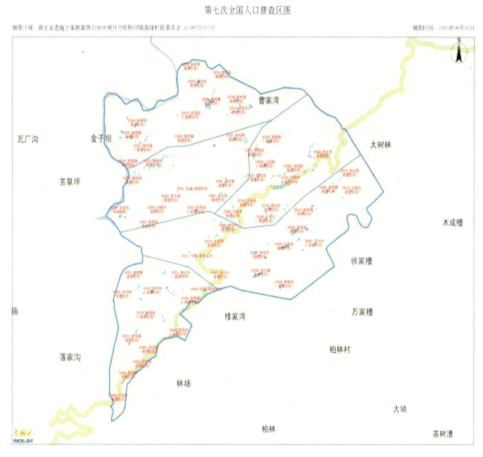

高仰台村地域图(高仰台村村委会供图)

高仰台村所处地形属云贵高原东北的延伸部分，是巫山与武陵山北上余脉的交汇部，东高西低，南高北低，最高海拔约1100米，最低海拔约440米，地形呈一面坡。境内山水资源丰富，山地、峡谷、丘陵、山间盆地及河谷平川相互交错，其中齐岳山分隔鄂渝，清江、郁江、毛坝河、渔泉河等大小河流，顺地势奔流出境。

渔泉河是从龙桥峡谷至黑塘的河水，长达5千米，流入重庆市云阳县境内，

渔泉河河水左出水口 高仰台村
（李兴刚 摄）

渔泉河河水右出水口 高仰台村
（李兴刚 摄）

渔泉河河水水雾景观一（李亚 摄）

渔泉河河水水雾景观二（李亚 摄）

以渔泉河坝为出口处。河水是从一条地下暗河流出,水流量很大,春天每秒约10立方米,冬天每秒约2立方米,水质佳,水温常年维持在15℃左右。因独特的水温,在夏季阴雨天气,河水上面便浮现一片水雾,与山间云雾相得益彰,更显山水之美妙。

三文鱼生态养殖基地概貌(李亚 摄)

高仰台村属亚热带大陆性季风气候,一年四季分明,平均气温16℃左右,夏无酷暑,冬无严寒,适宜居住,尤适于夏季避暑。山间气候差异明显,但总体日照较少,云多雾大,空气潮湿,雨量充沛。

高仰台村所属柏杨坝镇,古为巴国地,春秋属巴东郡,东汉属鱼复县,蜀汉章武二年(222年)改属永安县,南北朝属巴州,隋属信州,唐武德二年(619年)改属奉节县,元属夔州路,明属夔府奉节县,清为四川省夔州府奉节县柏杨坝汛,民国初期为四川奉节县柏杨区公所和联保办事处、尖字乡公所(后改柏杨镇)、奉节县第四区署、柏杨乡公所。中华人民共和国成立前,高仰台村属四川省奉节县龙门乡第二保。1949年12月,四川省奉节县第八区人民政府成立，下设柏杨、楠杨、梅魁、龙门四个乡，高仰台村属龙门乡。1951年，实行民主建政，废保甲，农村设村、组。1952年8月，四川奉节县第八区（辖柏杨、楠杨、龙门3个乡）划归湖北省利川县管辖，为利川县第十三区人民政府，所管辖范围和建制未变。自此，高仰台村划归湖北省利川县（现利川市）管辖。（据高仰台村村委会提供资料）

二、移民记忆

追根溯源，高仰台村应当说是早期移民聚居而成的村落。村中大姓，如张氏、李氏、谭氏、陈氏等，均有祖先迁居的家族记忆。

张氏家族是高仰台村的大家族之一，其家族迁移的历史在《张氏族谱》中有详细记载。《张氏族谱》首刊于清嘉庆十四年（1809年），增刊于清道光十四年（1834年），2013年由第十二世孙信元、信尧两兄弟向族人发起修订倡议，遂完成现今之族谱。据族谱记载，高仰台村张氏祖先为江西吉安府太和县人，于明万历年间（1573—1620年）出仕湖南沅州芷江县为官，后其子因避乱，于清康熙五十五年（1716年）迁至施南府咸丰县暂居，随后又因"苗蛮未静，难以久居"，而迁往四川夔州府奉节县南岸都里尖山关石灰窑，其子孙在此择地而居，且因张氏兄弟同迁，张氏家族亦繁衍成为当地望族。由此，可以推测，高仰台村，张氏居住时间至今已有约300年。张氏字派原序曰：正大光明，兴朝尚贤，

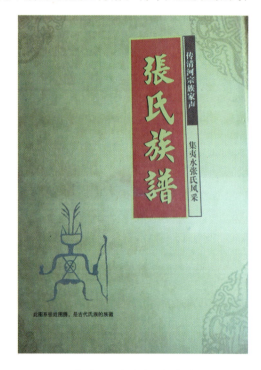

张氏族谱（李亚 摄）

忠信孝友，德义荣先，泽恩继济，家声廷献。高仰台村张氏今传至"义"字派，从祖公"大"字派繁衍至今已12代。

李氏家族作为当地曾经的望族，其祖先亦是由外地迁入。《李氏宗谱》于清雍正十二年（1734年）及乾隆三十五年（1770年）首修，清嘉庆元年（1796年）续修，清道光二十三年（1843年）续修，清光绪二年（1876年）三修，清光绪十四年（1888年）四修，民国三十七年（1948年）五修，1991年六修，2017年再修现今之本。据《李氏宗谱》记载：乾隆二十八年癸未（1763年）廷龙、廷凤二公由湖南巴陵（今岳阳县新墙镇前进村）"举受分产，尽佐洗腆需，服贾于夔，遂家邑南。"天魁（即廷龙公）背负家龛学仕入蜀，徙居奉节云阳之大水井。李廷龙即为大水井李氏的祖先，而高仰台村李氏亦为其后裔，李氏家族至今仍流传有龙凤二公迁居的传说。由此可知，李氏家族在高仰台村的历史由清乾隆年间至今，已有近300年。另外，据李氏家族后人追根溯源，大水井之历史与江西丰城湖茫村李氏同祖。这与明清时期"江西填湖广""湖广填四川"的移民路线一致，也同张氏家族的迁居历史有区域上的相似性。

此外，陈家先祖是在清乾隆年间从江西省九江市德安县车桥镇迁到高仰台村。陈氏后人每年都有人去九江陈家祠堂祭祀。谭氏祖先是在清朝"湖广填四川"时期，由湖北麻城、孝感而来。当时谭氏家族沿河滩而走，"挽草为业"（以挽草为标识，以示此处已被人占据），因此，谭氏家族往往沿河而居，地理位置相对较好。

高仰台村蓝田沟、金子坝、渔泉坝等地保存下来的民国时期院落较多，其中最具代表性的是李盖五庄园。李盖五庄园始建于1927年，1947年竣工，距李氏宗祠庄园约8千米，是李盖五的宅院。时因李盖五兄弟分居，而造此宅。此地原名"葡萄翁"，李盖五嫌其地名俚俗，遂取"高山仰止"之意而更名"高仰台"。李盖五庄园，与大水井李氏宗祠、李亮清庄园同属大水井古建筑群，是李氏家族曾经霸居一方的历史印记。

庄园为砖木结构，坐东向西，总占地2000余平方米，四合院式，有4个天井，现存房屋40余间，其中正厅面阔30米，进深11米，高8米，庄园北建有一座桥形亭楼，宽15米，进深8.3米，高11.44米，整个建筑修建在一山腰台地，正面保坎用巨石砌筑，四周山峦叠嶂，群山连绵。

整个庄园造型结构与大水井庄院相仿，建筑飞檐翘角，精雕细琢，其匠心工艺不亚于大水井的李氏庄园。

庄园天井俯瞰图（李亚 摄）

庄园主建筑外观（李亚 摄）

庄园主建筑外观（李亚 摄）

庄园内部房间内部（李亚 摄）

另外，高仰台村现存民国时期的遗迹，有古墓10多处，均为各家族先祖墓地。比如谭氏现存有谭公万山、谭母向君合葬墓地，墓碑刻立于民国四年（1915年），位于高仰台村十四组村边路旁，背靠山，对岸为渔泉河。陈氏吴老孺人墓，民国三十七年（1948年）立，位于高仰台村16组陈氏家院旁。

谭氏先祖墓地(李亚 摄)

陈氏吴老孺人墓(李亚 摄)

三、繁华集市兰田沟

兰田沟是当地人沿用的古称,曾名双龙沟。清至民国时期,兰田沟属四川奉节县所辖。民国时,兰田沟即设有集市,中华人民共和国成立前后,集市才撤销。民国《奉节县志》有载:清光绪十九年(1893年),农村市场有柏杨坝、吐祥坝两处;民国32年(1943年)有农村集市15处,其中包括兰田沟。据统计,1951年,当地有农村集市12处,兰田沟不在列。可见,兰田沟作为集市的时间不长。

据当地老人介绍,兰田沟集市有砖木结构的庙屋,内供菩萨,外有戏楼,通有官路。当时集市由上下两座桥连接,且桥为风雨桥建筑风格,两桥之间为集市街道,街道两旁房屋林立,建筑宏大,大约有20户。现存的市场遗迹中,仅存靠下的一座桥墩。

现存的桥墩(李亚 摄)

民国时期,兰田沟居民多为汉人因贸易而来,有刘、李、张、杨、王、甘、谭、周、龚、陈、姜、冉、付、许等多姓杂居,比较符合人口迁入型的市场特点。兰田沟作为市场,家族力量在其中居于支配地位,即市场由李氏家族控制,张氏家族人代为管理,称"张客人"。可见,民国时期,李姓家族在此一带的地位与权势显赫,而张姓家族作为当地的大家族之一,其声名在民国时期也十分显赫。

关于兰田沟，当地有一个传说：双龙沟是一块宝地，有双龙盘踞，村民称之为双龙村。有一次，当地将柏杨豆干作为贡品进献给了皇帝，皇帝品尝之后，大为称赞，便问大臣豆干来自哪里。大臣回答说，来自利川双龙沟。皇帝听后十分恼怒："天下怎么能有双龙呢？"于是，下令必须更名。但这也彻底惹怒了盘踞在这里的双龙。于是，双龙口喷大火，将集市彻底烧毁，以示报复。大火过后，集市一片狼藉，尽成废墟。后来，当地人便重新取了一个名字，叫"兰田沟"。这个传说虽然不真实，但是也可能反映了集市曾经被大火焚毁的事实。

四、神奇龙桥

高仰台村境地山峦叠嶂，水溪横流，峡深石峭。龙桥峡谷位于大水井古建筑群东北约一千米处，宽约20米，长约18米，桥高290余米，横跨天堑。龙桥峡谷虽位于水井村，但距离高仰台村并不远，高仰台村的村民仍以美丽的龙桥峡谷为傲。龙桥本不是桥，而是因河水长期侵蚀形成的一个天然地下穿洞，龙桥河从桥下奔流而过，只闻其声，但未见水流。关于龙桥的形成，当地曾有一个传说：古时，龙桥本是一座大山，八仙之一的张果老喜爱坐在此处打鞋。有一天忽然天昏地暗，大雨倾盆，顿时山洪暴发，白浪滔天，一条恶龙昂首而来，硬是把这座巍峨大山切了一个大缺口。张果老见此，怕恶龙把大山完全切开，断了行人要道，当机立断，就顺手抓起打草鞋的马鞍，朝恶龙当头打去，恶龙受此一击，便低头从张果老坐的地方钻山而过，于是一座如龙身穿过的圆拱形桥洞便由此形成，龙桥亦由此得名。传说中由恶龙切开的缺口便成了大峡谷，两边悬崖陡峭恰如被切割开来，下如万丈深渊，云迷雾障，谷中植被茂密、流水潺潺，犹如世外之境，也成就了今日龙桥峡谷的绝景。

龙桥左为尖刀观，右为杨泗湾，两边悬崖高耸，悬崖上都有洞穴，产硝。相传清末曾有一贺姓之人在尖刀观的硝洞熬硝，在悬崖上下攀援自如，犹如猴子，后不幸从悬崖掉落身亡。杨泗湾有个更大的硝洞，但洞口被一壁巨石封堵，无法开采。

龙桥峡谷（李亚 摄）

龙桥上立有石碑，上书"魁山二公入川故里"。此碑由李氏族长李永蔚所立，为纪念李氏家族先祖筚路蓝缕之功，以昭示后人不可忘本。清乾隆初年，李氏先祖李廷龙（字天魁）、李廷凤（字岐山）从湖南逃荒而来，走至龙桥，见此处山形吓人，兼之饥寒交迫，以致蹲坐于地，难以起身，幸得当地一黄姓地主相助，并收入家中为工，方成就李氏百年家业。

张高寨村

——川盐济楚路　牧歌农耕图

张高寨村位于利川市西南角，距市区约 40 千米，是利川市沙溪乡与咸丰县小村乡交界处的一个传统村落。张高寨村于 2013 年被住建部、文化部（现文化和旅游部）、财政部列入第二批中国传统村落名录，2014 年被国家民族事务委员会命名为首批中国少数民族特色村寨。这里自然景色绝美、历史人文厚重、文化资源丰富，是能体现武陵山区社会文化变迁的典型村落。

一、张高寨村概貌

张高寨村今属利川市沙溪乡繁荣村。历史上,张高寨村大致形成了三个相对集中的区域:原张高街区域房屋最为集中;石盘溪中游区域土地资源丰富,为原大姓吴氏和姚氏家族聚居地,房屋也相对集中;村内石盘溪下游处,土地资源较少,为其他姓氏杂居之地,村民多是民国后搬迁而来,后来房屋数量日渐增多。因为房屋、人口相对集中,三个相对集中的区域分别被划为繁荣村一、二、三组。

张高寨村中"张高"二字原为人名,源自当地"张高喂龙"的传说。传说张高曾养有一条龙,家道也因此大发,后来皇帝患了重疾,需要龙心治病。张高为了巴结皇帝准备挖龙心,但反而被龙所吞噬。作为可考的地理名词,"张高"正式出现在清同治版《利川县志》中,其在记述利川通往咸丰的线路中提到"张高卡"一名,可见在清同治以前,张高寨村就已经成为了一处关卡要地。

张高寨村在地质构造上属喀斯特地貌,区域内平均海拔在1100米以上,山峦起伏、沟壑交错、森林密布,由山、岩、溪、沟、瀑、洞、林、峡、潭、泉、坝等构成的自然景观精美绝伦。淳朴的人民居住于此,享受着传统而闲逸的生活,他们在与自然互动过程中,赋予自然以灵性,每一座山、每一个洞、每一条河沟都有故事和传说。

从民族渊源来看,张高寨村民中既有土司时期就居住于此的土家族原住民,也有来自湖南靖州一带的侗族同胞,还有流传"本是元朝宰相家"等八句诗祖源记忆的蒙古族后裔,更多的是在"湖广填四川"的移民浪潮中从江西等地辗转而来的各民族后裔。不同渊源的各民族后裔共同居住于此,彼此打破民族界限,形成了"你中有我、我中有你""你离不开我、我离不开你"的共生格局。张高寨村依山傍水,在不同的时期,依靠自身的资源禀赋,形成了独特的山地农耕生产和生活模式。

二、因盐而兴

张高寨村成为重要的关卡要地,与其所处的地理位置和清代"川盐济楚"的重要历史事件具有密不可分的关系。鄂西南、湘西一带不产食盐,清代以来一直调运淮盐,清咸丰年间,太平天国运动爆发,清咸丰三年(1853年),太平军建都南京,淮盐不能上运湘鄂,清廷便饬令川盐济楚。四川之盐调往鄂西南、湘西,无成熟水路可通,不得不依靠人力运输,从自贡、云阳、巫溪各地调运之盐由水路集中到今重庆石柱县西(界)沱码头,然后向东走陆路穿越方斗山、七曜山,沿着鄂西南的利川县、咸丰县、来凤县一线,到达湘西的龙山县和凤凰县等地,往返约1500千米。背盐是一项重体力活,背负超过150千克的食盐,30里(半日)需食、60里(一日)需宿,在"背子客"食宿集中之地,便逐渐形成了一座座服务食盐运输的商贸集镇,张高寨村就是这一集镇网络中重要的一点。张高寨村能形成集镇,还与其地理位置有一定的关系。张高寨村位于现沙溪乡繁荣村,其东接该乡黄泥坝、北接该乡石门村、南接该乡群英村,东南毗邻咸丰县小村乡喂龙村,盐运古道运输由东至南,从黄泥坝进入张高寨村后,形成一个平坦的小盆地,再往南就会翻越海拔超过1500米的连绵山脉,是高强度运输前一处难得的休整要地。

张高寨村地貌(莫代山 摄)

历史上的"川盐济楚"曾经历两次高峰,除太平天国时期外,民国时期形成了第二次高峰。经历两次高峰后,盐运古道沿线的繁华也随之而去,但留下大量遗迹,诉说着曾经的岁月荣光。在张高寨村东北面山谷溪沟和密林深处,至今完整保存着约3千米盐运古道,古道宽处不过3尺(0.9米),窄处仅容一

曾经的客栈建造处（莫代山 摄）　　古盐道（莫代山 摄）

只脚，路面多为山地自然泥石，"背子客"沿山形地势蜿蜒盘旋而行，"三道水头钻，七十二道脚不干，洗脚就上羊头山"就是对古道不同区段交通环境的简单总结。蜿蜒崎岖的山路对背负重物的"背子客"安全无疑是一种挑战，寨内仍流传有一家父子3人背上千斤棉花，经过村内古道，小儿子因年幼力损摔入沟内致死，并导致古道改道的故事。在离集镇古道约1千米处，还有清同治版《利川县志》所载"张高卡"遗址，遗址现仅存墙基部分，据年近70岁的藤树然介绍，该卡毁于20世纪50年代中期，原为一拱形石砌关卡，完好时墙高约2米，拱宽约2米，能容牛通过。盐夫背负沉重物资，在山地古道行走，需要时时打杵，故而留下了"早上三杵慢悠悠，晚上三杵赶宿头""肩挑一百八，裤儿打疙瘩，要得疙瘩散，还要鼓劲挑三年"等谚语，以及遍布古道岩石路面的无数杵窝。原张高街位于小盆地东北角，据村民回忆，原集镇建在一块石盘上，故又称为"石盘上"，集镇约有木质房屋35栋，除旅店外，还有布店、旅馆、肉铺、盐店等店铺，留下了毛店子、横店子、穿心店、巴岩店等地名，每逢三、六、九日赶集，来自临近大沙溪、黄泥堂、石门等地群众齐聚此地，进行物资交换，街上一天能卖八九头猪。每天，来自云阳、万县等地的"背子客"，多则两三百，少则百余人，往以食盐，返以棉花和桐、漆、茶、药等土特产，在此栖息休整。"锅里不熄火，路上不断人"就是对昔日繁华的描述。

  繁盛的商业贸易带来了源源不断的财富，而对财富的争夺往往造成社会秩序的混乱，最终各方势力协调达成趋于稳定的社会结构。民国时期张高寨村社会秩序建构过程就是地方政府、宗族大姓、社会组织互动的过程。为了管理集镇、征收赋税，地方政府在张高集镇最末端，原关帝庙旧址设置"保长办公处"，相传有一位名叫艾衡青的人就是当时管理盐道的"客总"，任过"把水口"，张高街上的事务都归他管辖。其时张高寨村本地大姓吴氏族长吴通畅是大地主，虽没有政府官职，但在当地具有绝对权威，传言其能够"管辖张高寨村及周边的24保"。张高集镇巨大的经济利益还吸引了土匪、地痞、强盗的目光，他们通过赌博、抢劫、偷盗等方式来敲诈来往背夫和赶场群众。在民国时期混乱的社会局面下，社会角色边界非常模糊，政府官员、家族势力、社会组织往往联合起来共同谋取利益，于是便有了许多在村民之间流传的传奇故事：保长艾衡青与流氓王洪山勾结，在村民卖粮食的时候压榨和克扣村民；土匪侵犯张高寨村，但族长吴通畅不允许其在管辖范围内抢劫，与土匪斗智斗勇；地痞惠文学组织一班人在张高寨村卖鸦片，被吴通畅联合艾衡青将其鸦片收缴，惠文学便派人抓住副保长杨秀俊，将其杀死；恶霸吴凤池，经常欺男霸女，欺负老实人，被老百姓绑在集镇木柱上。

  在动乱的年代里，村民生活在水深火热之中，而贺龙领导的红军队伍给村民带来了希望。土地革命时期，贺龙领导的工农红军打游击，多次从古道出入利川县和咸丰县境内，在沙溪一带活动时，就驻扎在张高寨村毛店子。在张高寨村驻扎期间，红军发展队伍、打土豪，留下了很多动人的故事。红军的革命壮举得到村民的拥护，村民纷纷组织起来帮助红军搬运物资。离张高寨村约6千米处的小沙溪响水洞，贺龙曾站在一块大石头上，给战士讲革命道理，石匠杨守勤路过听了革命道理后深受感动。红军走后，杨守勤怀着对贺龙无比崇敬的心情，在贺龙站过的大石头上刻下了一双脚印。如今，村民们还经常会来寻找那一双坚实的"脚印"，以表达崇敬之情。

三、艰难迁徙

如今的张高寨村约有 80 户人家，户数虽不多，但姓氏颇为复杂。这些姓氏来源及发展历程，体现了"改土归流"后武陵山区人口流动的基本规律。张高寨村人口发展略分为四个阶段。

第一个阶段是土司时期。相传张高寨村最早居民为唐氏和田氏，是"古老户"，他们的房子通常建在高山上。现村寨入口处有一山洞名为"鸡肠子"，传闻以前村民鸣锣即可从中借取谷物和生活用具，后来因村民借好还坏、屡借不还而失效。这种故事在武陵山区比较普遍，应是原住民与移民间在交往中结合部分事实经口头创作而成的民间故事。在后来的竞争中，唐氏失势并逐渐消失，田氏仍有遗存，但也已迁往他处。

第二阶段是"改土归流"初期。江西人口纷纷进入湖南，再经由湖南进入原土司区开垦土地，从而形成"江西填湖广""湖广填四川"移民浪潮。由于改流区地广人稀，外来移民"指手为界"，以低廉的价格购买广袤土地。张高寨村早期移民为姚、吴、谢、杨四姓，相传四姓源自湖南靖州，现姚、吴二姓群众中流传着始祖杨天应、姚君赞、谢天飞、吴世万、龙丁盛"五姓结盟"的故事，也有互不通婚的传统。姚姓最早来到本地，初来时没有房子住，就住在岩洞里，然后低价从官府手里购买了从双河口到雷音山的土地，现张高寨村适宜耕种的区域基本为姚姓所有。

姚氏迁入时所住岩洞（莫代山 摄）

姚姓来张高寨村时本是四兄弟，但兄弟间发生了争执，最后有三兄弟从张高寨村出走，另谋生计，只留下幺房在此繁衍。姚氏兄弟在离别之际，打破一瓷盘，四兄弟各执一块，相约以后见瓷盘碎片即证为兄弟。姚氏立足张高寨村后，有子孙不务正业，沉溺赌博，不得不将土地抵卖给同样来自湖南靖州的吴氏，吴氏紧接着迁入张高寨村。随后，谢氏、宋氏、刘氏、腾氏相继通过购买、佃种土地等方式迁入。虽然以上姓氏未有族谱流传，但均言迁入本地有十五代左右，对照所各自描述的迁入历程，可知应在改流初期迁入。

第三阶段为太平天国时期。随着前期人口迁入，张高寨村土地所能承载的人口已接近饱和，但随着川盐济楚贸易的繁盛，张高寨村经济结构发生了巨大变化，也为张高寨村人口再次集聚创造了条件。这一时期迁入姓氏有一个共同的特征，即均为现张高寨村周边区域搬迁而来，如：李氏始祖在清康熙年间从江西吉安府吉水县李家村搬到现沙溪乡大沙溪群英村小寒老屋基，繁衍了六代后，其先祖从小寒迁入张高寨村，至今已有九代人；龚氏祖籍湖南武陵，迁入利川后原本生活在黄泥坝，因黄泥坝遇到洪灾，再迁到张高寨村，迄今已繁衍十一代；滕氏祖籍湖南，原本生活于现沙溪乡石门村，后迁移到张高寨村，至今已超过十代人；宋氏祖籍湖南常德市安化县三棵树，始迁地是沙溪乡黄泥坝，后迁入本寨，至现在共有九代人等。考虑到商贸服务的人口承载力和对人口聚集的巨大吸引力，周边居民通过开旅店、开商铺等形式迁入商贸集镇也是符合人口迁徙规律的。

李氏族谱（莫代山 摄）

第四阶段为民国至中华人民共和国成立初期。除民国时期盐运贸易的继续推动外，社会的动荡成为影响人口流动的重要因素，中华人民共和国成立后的移民流动也是人口迁入的一种途径。如现张高寨村何氏是民国时期因贸易在本地购买房产后定居下来的；谭氏是清朝时期迁到沙溪乡建设村甘西坝，后在张高寨村买房，并定居，先前开过旅店，后以种田为生，至今已有五代人，还留有"本是元朝宰相家，洪军追赶入天涯"八句诗；寨内木匠彭氏，民国时期来张高帮人建造房屋，恰逢中华人民共和国成立，便留居本地；寨内另一支吴氏，最初是由江西搬到邻村石门，中华人民共和国成立初期由石门搬到张高寨村；陈氏祖籍江西，原本居住于四合头干溪坝，然后迁到黄泥塘，约30年前因为婚姻迁到张高寨村定居；宋氏江西起祖，先迁到咸丰县，然后再迁到高洞，改革开放前从高洞迁到张高寨村投靠族人。

四、文化交融

各种文化汇聚于张高寨村，并不断相互影响、相互交融。这种文化格局在村民婚丧、嫁娶、饮食、娱乐、信仰等方面都体现得十分明显。

张高寨村丧葬文化有着明显的交融性特征。一方面，这里的村民在老人逝世后要举行"跳丧"仪式。村民称之为"打丧鼓""打不起豆腐送不起钱，打一夜丧鼓做人情"，一旦哪家有人逝世，乡邻们都要去为其"跳丧"。一人掌鼓，叫歌领唱，众人合着鼓点，合而歌之，边唱边跳，气氛高亢热烈。另一方面，丧葬仪式期间还要唱"孝歌"。逝者遗体停放几日，"孝歌"就要唱几夜。唱"孝歌"的人数不定，但唱"孝歌"讲究韵脚，相传韵脚共有13个半，均为Z、C、S发音收尾。唱时下一个人要接住上一个人的韵脚一直往下唱，所有人唱完为一轮。一轮唱完，自动换一个韵脚进行第二轮演唱，通宵达旦。唱词则不拘一格，多为自由发挥，亦有简单歌本，既有逝者生平，也有"三国""隋唐"等历史故事。在丧葬过程中，家属不能吃油、肉、豆腐、甑子饭等食物，在逝者未下葬之前，逝者子女不能上床睡觉。逝者安葬时，由逝者的女儿、侄女、外侄女等给逝者盖被子，垫底白布需要六尺（1.8米），被子必须三尺三。"跳丧"与"孝歌"相互配合，表达亲人对逝者的尊重与怀念。

村寨里的传统婚俗文化也有交融的痕迹。一方面，"哭嫁"习俗曾在当地长期盛行。当地"哭嫁"多在出嫁前一天晚上和出门之前，也有提前一周左右就开始哭的，每

村民家保存的石磨（莫代山 摄）

次哭的时间为几个小时,哭者主要是新娘的闺蜜及亲属,也有请人陪哭的。"哭嫁"时,亲属都会到场,哭到哪一位亲戚,哪一位亲戚还需要给点红包钱,苦中有乐,悲中有喜,增添婚礼的氛围。另一方面,汉族地区的抬轿风俗与哭嫁并行不悖。出嫁前一天晚上,新郎需要将轿子(木材制作、篾材装饰)抬往新娘家,在距离新娘家大约半里处停下,等新娘家的亲弟弟或者侄子来压轿。压轿到家,下轿子后,新娘上轿,新娘到达新郎家后,由伴郎伴娘将新娘从轿中扶出来。新娘出嫁前,会与自己的闺蜜一起吃顿饭。结婚时祭祖,男方称为祝神,女方称为告祖。

节庆饮食方面更是丰富多元。寨内廖氏至今还存有"过赶年"的习俗,比寨内其他姓氏提前一天过年,而且过年时还要把族内青壮年组织起来,拿着刀棍跑到山上"喊打喊杀"。至于其起源,则有"腊月三十过年时被抢,为警示后人"和"因为以前打仗,要提前出发,所以提前把年过了"两种说法。在生活水平不高的年岁里,村民的美味佳肴莫过于豆腐了,在年节、清明、端午、月半等传统节日期间,家家户户推豆腐。婚丧期间,豆腐也是不可或缺的待客之物。如今虽然生活水平提高,村民不再做豆腐了,但石磨在各家各户仍有保存。传统食物方面,寨内妇女喜欢做"粑粑菜"(把青蒿清洗干净,然后放入锅里煮熟,捞出挤干水分剁成碎末,然后与大米粉揉捏充分,捏成团状,上锅蒸熟即食)、"混汤粑"(把糯米、糯苞谷混合,放入石槽中,用棍棒将其反复捶打,待其粘稠之后,搓成圆团下锅煮熟即可)、"假杆子肉"(把高粱、白米、糯苞谷分别磨成浆,然后底部放糯苞谷浆、中间淋高粱浆、上面淋白米浆一层层铺好,放入蒸笼蒸熟,然后用刀切成片,上中下三层分别呈现白色、深紫色、黄色,与腊肉颜色一致)。每到清明期间,村民把青蒿采来洗净、斩末、挤干水分,与煮熟的糯米、腊肉、豆腐颗混在一起,放入甑子蒸熟,也是不可多得的美味。

唱山歌是山里村民的共同爱好,各种山歌深受张高寨村村民喜爱,最典型的莫过于薅草锣鼓、山歌以及劳动号子了。薅草锣鼓多在夏天农忙时节,为了消除农作疲劳,提高劳动效率,由两人在前打锣,一名歌师在旁演唱,通过鼓励、挖苦等方式引领劳作人的工作进度。20世纪60年代,张高寨村村民在给玉米除草、栽秧时仍在表演这种艺术。山歌被村民称作"风流歌",现村内六十岁以上老人基本都能唱上一段。据说,现已过世的藤九家、何松柏等老人在世时虽然不识字,但唱山歌可以连唱半天不重复,也有说以前有人唱山歌三天三夜不重复。山歌男女可唱,所演唱内容主要是男女爱情,如《十二月劝郎》《祝英台》《送情郎》等,演唱时声调俏皮活泼、内容丰富多彩、蕴含着各种人生哲理。号子则是在集体劳动时,为了统一指挥,提高劳动积极性而创造出的艺术形式。据说,在20世纪60年代,乡里组织村民去修水库,村里有一位老人主动为大家喊号子,为大家鼓劲加油,最后还获得了草鞋、手套等奖品。

五、山地耕耘

早期移民进入该区域之前,张高寨村区域属于沙溪土司统辖,山大人稀,其时"地多未辟,山高林密,易藏虎豹豺貉,行旅不通,铺递率多迁远",村民以狩猎、采集和刀耕火种为生。

"改土归流"后,移民的到来,不仅带来了劳动力,也带来了先进的生产工具和生产技术,于是土地日渐开辟,村落逐渐成形,"土田日辟,户口殷繁,通衢所在皆是,人趋便捷,铺递亦以次改设"(清光绪版《利川县志·卷十·武备志》)便是对这

割漆工具和蜂桶(莫代山 摄)

种社会发展状况的描述。随着外来人口增加和土地开垦面积扩大,农耕成为当地的主要生产方式,从张高寨村的土地资源条件和村民的描述来看,农作物中有水稻,但更多的是玉米、红薯等杂粮,县志将其描述为"种玉蜀黍,较种稻者倍之"。其余黄豆、麦、荞等杂粮也在山地被零星种植。为了增加经济收入,村民还会在山地零星种植漆树、黄连、油桐、芍药、贝母、牡丹等经济林木和药材,"自改土以来,土地开辟,前人于力田之余,相其土宜,种树尤繁。虽年计不足,而世计有余,得以财足用饶,旱潦有补"(清光绪版《利川县志·卷四·食

货志》）。农闲时节，村民入山狩猎、采药、采蜜、挖蕨、掘笋补充生活物资。这种以农耕为主的自给自足生产方式，贯穿于整个清代。

"川盐济楚"盐业运输贸易一度成就了张高寨村的繁华，也为张高寨村居民生活增添了重要内容。在新的经济环境

有机茶场（莫代山 摄）

下，为食盐运输提供服务的近20家客栈应运而生，寨内相继出现了服务商旅的煮酒坊、染布坊、棉花铺、布铺、肉铺、食盐铺等商铺，于是部分村民的生活方式也随之发生了改变，农业生产与商贸服务并重成为张高寨村典型的生活模式。

中华人民共和国成立后，"农业集体化"时期，村民的生产方式再一次发生变化。随着张高街集镇功能的消失，商贸服务方面的经济来源断绝，村民回归农业生产，主要种植水稻、玉米、红薯、马铃薯、黄豆等。

改革开放后，村民除继续种植水稻、玉米等粮食作物外，还种植了其他多种经济作物，寨内漆树、黄连、贝母种植也得以延续。从20世纪80年代中后期至90年代末，沙溪乡开始大规模种植烟叶，张高寨村每家参与其中。由于茶叶收入远高于水稻种植，于是种茶也逐渐成为村民主要的农业活动。

六、山水隽永

张高寨村东南高、西北低，四周被雷音山及其余脉紧紧包围，右边分别是形如鹰嘴的吊嘴山、中山、大屋背山、手指岩、断颈山和石盘岭，左边依次是天池山、茅草坡、飞狮岩、大火焰山、小雷音山、笔架山、月亮岩和雷音山，总体上呈

雷音山、月亮岩、笔架山远眺（莫代山 摄）

现出"两山夹一槽"的地貌,两侧群山犹如绿色卫士,拱卫着谷底的村庄。山多、溪清、林密是其基本特征。

张高寨村内的古树和山林(莫代山 摄)

在张高寨村,海拔最高、名气最大的当属雷音山。雷音山最高处海拔超过1500米,山高而绝。雷音山峰顶平缓开阔,面积约1公顷,东部全是断崖绝壁,西部坡度相对和缓,峰顶曾建有雷音寺,建寺时用檩柱210根,有房屋十数间,供有观音、白马将军、财神等十多种神像,通往山下寺庙的青石板路上可抬轿或骑马通行,两旁古树林立,兴盛时每逢六月十九庙会,人员辐辏,不仅利川境内百姓,相邻咸丰、万县等地信众徒步数十里也要前来进香还愿。现仅存功德碑二块以及曾经支撑寺庙建筑的石磉磴,且由于废弃年代久远,杂木丛生、山蚂蝗肆虐,已不能通行观瞻。

对于雷音寺的来历,本地还流传着一个神话故事。相传,清代有一位道行高的和尚游历至沙溪,准备在雷音山对面的邻村小寒大宝山建庙宇,请木工、伐山林、做法事、择良日,正欲破土动工。一日晨起,堆在场地的檩柱却不翼而飞。和尚差人四处搜寻,终在对面的雷音山一水井发现踪迹。捞起一瞅,正是失踪在大宝山的修庙之木。令人称奇的是,捞起一根,井下又冒出一根,捞完清点,木材一根不差。和尚顿悟,遂改在雷音山上建寺。雷音山左侧的月山峰为顶部呈半圆状的断崖石壁,酷似月亮,取名月亮岩,岩下有一石壁,形似猫头,当地人称之为"猫脑壳",形容为"下山虎";寺南的飞狮岩,是一段长约 200 米的绝壁长廊,顶部大约 2 米宽,两边悬崖峭壁,深达 200 余米,整个长廊就像一堵高耸的城墙,奇险无比。飞狮岩右侧峭壁中,有一凹形石洼,当地人称之为"老庙子",此处在雷音寺修建之前曾修建有一座简单的庙宇,是百姓表达愿望的场所。

在河流的侵蚀下,张高寨村形成了大大小小 20 多处溶洞。其中"鸡肠子洞"最深,清代曾有人在洞内熬硝。据当地村民描述,洞内时宽如厅,时窄仅容一人侧身而过,支洞众多,极易迷路。不少溶洞被村民利用砌为牛、羊、猪、鸡圈或存放草料,虽然离寨较远,却从未发生过牲畜被盗事件。

溪流和清潭(莫代山 摄)

张高寨村区域森林覆盖率超过 90%,是利川市原始次森林保存最为完好的区域之一,主要树种包括杉树、枞树、青冈树、翠竹、杜鹃及各种杂木,为针阔混交林和常绿树与落叶树共生林立体构图。山上一年四季绿树成荫,每个季节都有不同的颜色:春天杜鹃花开时节,鲜花漫山遍野,绿中映红;夏天林木茂盛,树木苍翠欲滴;秋天落叶金黄,与绿树相互交映;冬天白雪覆盖,似绿伞白面,别有一番意境。

对于张高寨村的百姓来说,森林不仅是风景,更是生活方式。农闲时节,上山狩猎是村里青壮年集体娱乐的一种方式;春夏时节,入山找木耳、挖竹笋、采野菌、打板栗、挖野菜、采蜂蜜,不仅极富生活情趣,而且也是增加家庭收入的有效方式。有数百年历史的古青冈树、古核桃树、古红豆杉,遗存于村落各处。传说前些年寨头的一颗核桃树,能遮蔽整个河坝。张高寨村山林里珍稀动物资源也十分丰富,据村民说,在20世纪80年代初,仍有老虎出没,豺狼、野猪也能经常看见。自20世纪90年代退耕还林政策推行后,森林里飞禽、走兽、蛇虫等动物更加活跃起来,给张高寨村的山林带来了勃勃生机。

张高寨村溪流纵横。发源于雷音山脚下的两股泉水汇合而成的石盘溪穿谷而过,从东至西贯通张高寨村,里程长达10千米。平时,石盘溪水流并不大,但清澈见底,游鱼清晰可见,一路沿着青石板构成的河床冲刷,时而婉转,时而奔流,时而飞溅,时而平静,形成了众多峡谷奇观。位于下张沟的一个小型

石洼内的崖棺(莫代山 摄)

瀑布群,由于流水冲蚀,岩壁顶部形成一个深深的凹槽,水由这个凹槽中飞奔而下,从瀑布顶部望上去,凹槽及周围岩壁的形状很像马屁股。雷音山与咸丰县交界处,一道石壁当面而立,瀑布从高达几十米的悬崖裸岩上跌落而下,水雾飘渺如白色的裙纱,轻薄而激烈。两处瀑布旁,曾分别建有一座"山王庙",庙由木材简易搭建而成,单块木材宽不过1米、高不过2尺,内中曾立有木质神像,现均已湮没。位于下张沟下游,与瀑布相隔不远处,有三处水潭,潭水均深不过腰,但形态各异。山中溪流是大自然的馈赠,与村民的生产生活息息相关。石盘溪贯穿张高寨村而过,溪的两岸就是道路、村庄和农田,古盐道、老张高街以及现在村里数百亩良田等分布于溪的两旁。可以想象,这条溪流,支撑和见证着张高寨村数百年来的繁盛。

以前,张高寨村内几乎是清一色的木质建筑,"吊脚楼,翘屋檐,方格窗,朱红门"是这些民居的基本特色。这些吊脚楼既有一字形的一排正屋,也有"丁"

字形（钥匙头）的一排正屋配一头厢房，还有"工"字形（撮箕口）的一排正屋配两头厢房。建造吊脚楼都是顺坡就势，有的是正屋、厢房全吊，有的是正屋不吊厢房吊，一般是飞檐翘角的"走马转阁楼"。每栋房屋为横排四扇三间或六扇五间，竖排三柱四骑或五柱二骑。吊脚楼选址体现着村民强烈的空间宇宙观念，力求房屋、人与自然浑然一体，既顺坡而上形成极佳的"靠背山"，又面朝涌动不息的石盘河。

吊脚楼及其制作工具（莫代山 摄）

这些吊脚楼建造年代久远的已有百余年历史，其中最有代表性的建筑当属修复后的"毛店子"了。"毛店子"建筑群整体上呈单一"工"字形（撮箕口）吊脚楼样式，正屋长近50米，两头厢房各长近20米，其规模和比例远超正常吊脚楼。据传该建筑始建于清代。在盐运兴盛时，"毛店子"不仅有为"背子客"提供食宿的客栈，还开有煮酒坊和染布坊，因经营需要不断修缮添建，又因为多种经营而声名远扬，以至于所在地也因此得名。现该建筑为8户姚姓居民集中居住的场所，保存完好。

曾经，张高寨村村民依托丰富的木材资源，利用传统手工艺建造居所，过着相对传统的生活，烧木火坑，用石火盆，鼎罐煮饭，采山野菜，敬祖先神，唱山民歌，悠然自得地享受着山村宁静的生活。

老屋基村

——喧嚣繁华镇　百年沧桑情

老屋基村，这个位于利川市的西南边陲的村落，地处七星岩西南麓、郁江旁，借四面环山、背山面水之势，静静地隐藏山中，仿佛是一位历经沧桑的老者，慢慢地述说着他曾经辉煌的历史。

老屋基村曾在战火中多次被焚毁，却又数次在原址上重修，故有"基老屋不老"之说。老屋基村形成于清乾隆年间，是"川盐古道"沿线的重要集镇。

老屋基村兴于盐运,亦衰于此。曾几何时,这里酒肆商铺林立,是盐运往来的重要驿站,是该区域的主要集市。如今,当年的繁盛景象虽已不复存在,但仍有利川保存最为完好的商业老街,有古老的盐道交通和传统的集市贸易,是鄂西南传统古村落的典型代表。2014年,老屋基村被列入第二批中国传统村落名录;2017年,又被纳入湖北省美丽乡村建设试点村;2019年,入选第三批中国少数民族特色村寨。这里民风淳朴、山清水秀,典雅质朴的吊脚楼安静地分列于宽阔的鱼脊街面两侧,绵延悠长的古盐道见证着历史的变迁。

老屋基村老街(申雯清 摄)

一、老屋基村概貌

老屋基村古时为巴国属地;民国初年属怀德里,1925年被划归为十三区;

中华人民共和国成立之初被划入忠路区,而后拆区并社,与周边的龙台、新国、新林、茅峰等合并成立了老屋基人民公社;1984年,撤社建区,与小河、忠路合为忠路区;利川建市时,更名为老屋基村并沿用至今。老屋基村地处巴楚交界之地,建筑风格兼具两地特色,在地方语言和风俗习惯上深受巴蜀文化影响。

老屋基村从行政区划来看,隶属于恩施州利川市忠路镇,中心点距利川市城区约40千米,南距忠路集镇约15千米,东距马前集镇约14千米。从地理位置来说,老屋基村处东经108°77′,北纬30°13′,东接凉雾乡马前村,西与民主村和双寨村接壤,南接粮丰村,北邻双河村。

老屋基村俯视图(老屋基村村委供图)

老屋基村属典型的喀斯特地貌,地处巫山余脉,山地、峡谷与丘陵交错之间分布着山间盆地和河流冲积平原,郁江与姚家河交汇于此处,平均海拔约为820米。村内的河流落差较大,降雨集中,呈侵蚀地貌。老屋基村属于亚热带季风性湿润气候。气候宜人,尤其是夏季十分凉爽,温度维持在20 ℃至25 ℃之间,是避暑胜地。

老屋基村的地形地貌（申雯清 摄）

从村落布局来看，老屋基村是一个典型的山区村寨，地势东北高西南低，村庄总面积约为7.5平方千米。老街和两汇坝位于群山夹杂的河谷地带，新街则依山而建，整体分布状态呈分散的狭长形。从历史形成来看，老街是最早的民居街道，新街和两汇坝的形成时间稍晚于老街。

四面环山的老屋基村内有郁江穿过，姚家河经老街汇入郁江。老屋基村周边的山中植被繁茂，森林覆盖率为75%，生态环境较好。山丘植被以杉树和小灌木林为主，山间时有野猪、野狗、松鼠等野生动物出没。由于这里的山坡多处属于滑坡地带，每逢暴雨，山坡极易受损塌方，影响对外交通。

老屋基村位于利川通往四川的必经之路上，人口流动性较大，村内姓氏较多，其中张、谭、王是人数较多的大姓，其次，田、陈、向、杨、李姓氏人口也较多，当地人为新生儿起名仍沿用各自家谱中传承的字辈。如谭氏字派为："世子永必善，正文在绍宗。仕维玄作保，学桂运气通。华祺开昌选，祥云庆万忠。"

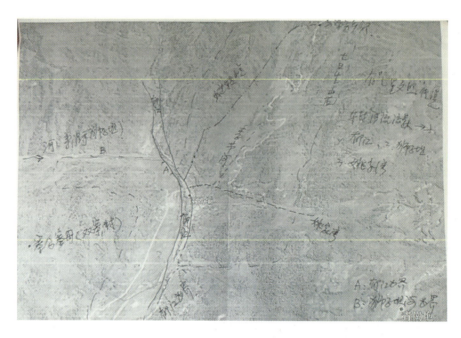

老屋基村地形图(老屋基村村委供图)

姚家河与山间溪水交汇(申雯清 摄)

老屋基村附近山林中树木种类繁多，较为著名的古树有银杏树（树龄近1000年）、红豆杉（树龄500年）、米桑树（树龄150年）、枫香树（树龄150年）、梧树（树龄110年）、肥角树（树龄110年）、青钢树（树龄90年）等。最为著名的是千年银杏树，又称白果树，需几人合抱，树兜中间半边呈镂空状，可放下一张桌子。（资料来源：老屋基村村委会2019年村情介绍）

古银杏树（申雯清 摄）

二、昔日的繁华古镇

清乾隆年间，马、黄、谭等姓的当地人开始在老屋基村的老街造房安居，逐渐形成街坊。清光绪年间，村民们用麻条石铺成鱼脊街面，宽大的条石在人们精心打凿下，由中间的鱼脊向两边倾斜。于是，老街的街道呈现出中间高、两边低的鱼背脊状，这不仅是为街面的整体美观，更有利于排水防洪。山区平地较少，在沟壑纵横之中造屋须依山就势，吊脚楼都尽量减少与地面的接触以及对地形地貌的破坏，这是当地建房的基本原则。

老街总长约为1000米，宽约3米，取南北走向，背靠山，面向水，布局紧凑，整个老街都处于绿水青山的环抱之中，基本呈东西对称分布。街道两边是典型的土家族吊脚楼，圆木为柱，方木为枋，木板为壁，一般为二到三层，一楼一般为堂屋或开设店铺，楼上住人。老街占地3800余平方米，建筑面积达8140平方米，现有保存完好的全木质结构民居66间，多为清末民初时修建。由于木房存在较大的火患，老街在历史上曾多次遭遇火灾，但每一次村民们都会在原址上重建，老屋基村由此得名，至今流传着"老屋基，屋基老，基老屋不老"的俗语。老街是老屋基村的黄金地段，街面宽阔平整，往来人流量较大，且依山傍水，实属易居之地。在中华人民共和国成立前，居住于老街的居民均为当地颇有声望或经济实力较强的家族。

老屋基村的老街是利川市保存最为完好的传统老街，老街照片曾被著名的建筑学家张良皋先生用于其代表作《武陵土家》的第一版封面。2014年，电影《1980年代的爱情》在老街拍摄，这部爱情片改编于同名小说，该小说的生活原型就是发生在老屋基村的真实故事，老屋基村由此开始慢慢走入公众的视线。2015年，香港知名媒体人杨锦麟来到老街考察；2016年，著名导演郑浩执导的《梦故乡》MV在老街选景拍摄；2017年，央视发现之旅频道《美丽家园》栏目播出了《水杉故里　绿境忠路》，该片展现了老屋基村的历史文化。现在，前来参观的游客络绎不绝，他们慕名而来追寻心中那片净土，观看回荡心肠的爱情老电影，在历经岁月的街道中感悟传统建筑与文化的魅力。

随着人们经济条件的改善，老街的居民也渴望能享受现代的便捷生活。于是，老街的人们开始对自家的老木房进行改建，出于保护传统木质民居的考虑，村民们在不影响老街整体景观的前提下，开始在老木屋的后面修建砖房，新旧结合后的老街，"入则由古至今，出则由今返古"，别具一番风味。

利川是连接川鄂渝湘的重要通道。开采自云阳、黔江等地的"锅巴盐""粗盐"，分别经由梅子水—柏杨、万州—谋道、石柱—汪营三条通道入楚，到达理智坳汇合后，再次分路，或经由纳水—沙溪、元堡—红椿—毛坝、老屋基—忠路—张高寨—沙溪这三条道路进入咸丰，再运往湖南。被盐道串连起来的古村与古镇多藏于崇山峻岭之中，且分布有一定的规则，盐路"三十里一小站、六十里一大站"。山区行路难，最普遍的运盐方式便是肩挑马驮。挑盐人称"挑夫"，依靠骡马驮运的称"骡子客"。挑夫和骡子客来去不打空手，一路不仅运送食盐，

老街民居（申雯清 摄）

还将山区的桐油、漆、药材等山货运往湖南、四川等地交易。

老屋基村的古道依山而上，山路崎岖。它是由当地乡绅组织村民们共同修建而成，每一块石头都是靠人力铺就而成。为方便行人，清乾隆十八年(1753年)，老屋基村村民黄天颖主持修建了福寿桥，又名永兴桥。福寿桥位于老街的东头，是姚家河汇入郁江的关键节点。福寿桥全长7.6米，高6.2米，桥面宽4.8米，桥孔跨6.5米，造型古朴，是利川市现存最古老的石拱桥，也是古商道的重要通道。福寿桥的护栏原为木质，后因火灾被毁，改为石材。

福寿桥（申雯清 摄）

老屋基村古井里冒出的泉水，清澈甘冽，百年来源源不断，滋养着这一方村民，即使是今日，饮水条件大为改善，但村民们仍然习惯打井水，悉心维护着古井的清洁。

新街的福寿井（申雯清 摄）　　　　古道上的古井（申雯清 摄）

据老人们回忆，曾经老街车水马龙、热闹非凡，商铺林立，有各式餐馆、百货店、旅店等。因老屋基村是利川通往四川的驿站，古道上可以步行、骑行或抬轿子，赶场的村民与做生意的商人聚于此处，每天官道上来往的行人络绎不绝。商贸活动主要为输出茶叶、桐油、中药材等，输入食盐、香烟、红糖等。村民们为往来的商客和劳力提供餐饮住宿和物资补给等服务。

老屋基村是当地较为重要的集镇，每逢农历的一、四、七日，周边村寨的居民会前往老屋基村赶集购物，将老屋基村挤得水泄不通，热闹非凡。老屋基村有两个赶场地，以老街东面的福寿桥为界，福寿桥以上的新街一带为上场口，名曰永兴场；福寿桥以下的老街一带为下场口，名曰福兴场。20世纪80年代，从外界通往老屋基村的公路开通后，老街喧嚣热闹的景象也随之逐渐消失。此外，在民国以前，老屋基村还有私塾。1905年，老屋基街关庙开办新民乡小学，共开设了6个班，约200名学生，学校为学生开设了算术、音乐、体育等现代课程。

铺满青石的古商道(申雯清 摄)

三、难忘的家族轶事

清乾隆年间,"孙、冉、陈、黄、马、向、杨、周"八姓族人陆续迁居于合力村一带,该地被当地人称为"八姓槽"。此后,开始有人迁居老屋基村建房安居,开垦田地,逐渐形成街坊。而后,也有其他家族陆续迁入此地居住,历经数年,形成如今的村落。目前,老屋基村姓氏中,人口较多的有王、谭、陈、张、冉、邹、刘等姓氏。

清雍正年间"改土归流"后,谭氏始祖谭正卿夫人廖氏、谭正武夫人韩氏携子从湖南辰州迁至老屋基村周边的花台。在此披荆斩棘,开枝散叶。后由于子孙人数逐渐增多,遂分居到不同地区。

据谭氏宗谱记载:"我花台谭氏,乃谭国支脉,望出弘农,继迁江西,再籍辰州。嗣于清改土归流时,由正卿夫人廖君、正武夫人韩君,妯娌相偕,率子挈孙,自湖南辰州，举迁龙渠，落业花台。从兹，瓜瓞绵延，礼义传家，续永久之宗祠。……今有齿丁数千，上下八代同世，聚居花台及相邻地区，散居异地者亦不乏其裔。"村里老人回忆：家里的老祖婆是韩氏和廖氏，那年老家突发洪水，老祖公不幸罹难，于是祖婆们带着孩子从湖南常德逃难来到此地。考虑到之前家乡被水所淹，故而初来花台的时候，便住在了双河的山顶最高处以防水灾。山上狭小的土地资源不能满足日益增长的人口需要，于是，谭氏家族陆续搬离原住地，来到老屋基村。

谭家人口众多，在老屋基村修有谭氏祠堂，但遗憾的是两次兴修的宗祠均毁于战火之中。据谭氏宗谱记载："老屋基处郁江之滨，为利川市区至忠路、文斗、小河必经之重镇，花台谭氏老祠堂雄居老街上场口。1927年四川甘占元部劫掠老屋基，祠堂被焚毁。1938年，由族长谭正鹄主持、副族长谭正贵督造，在老屋基重修祠堂，祠堂大碑碑文为谭文玉撰书、鞠芳武名匠雕刻。1974年冬月，上街遭灾，新祠堂亦被焚，片瓦无存，享厅大碑于今下落不明。"

谭氏宗谱（申雯清 摄）

此外，据邹氏村民回记，邹氏家族祖辈是在抗日战争时期，为了逃避战乱，才从万州一路颠沛流离来到老屋基村。这位邹氏先辈安顿好后，赶紧雇人把妻儿老小又接了过来。邹母为人善良宽厚，与当地人关系较好。老屋基村刘氏祖先也是从江西吉安一路筚路蓝缕而来，从此在这片热土上生根发芽，繁衍生息。

四、多彩的民俗生活

老屋基村的习俗与鄂西南其他地区的习俗基本相同，但也有自己的特色。上九节即每年正月初九，那天家人相聚，目的就是为了共度春节，庆祝新春的到来。通常从正月初九的晚上开始玩灯，一直持续到正月十五的晚上。元宵又称花灯节，素有"三十的火，十五的灯"。这天晚上，家家户户在屋里屋外都要点上灯或者蜡烛。除了赏灯以外，当地还有吃汤圆的习俗，象征着一家人团团圆圆，幸福和睦。月半又称中元节。一般在农历七月十二日，俗话说："年小月半大"，主要活动为祭祖，以期驱除恶鬼，求得吉祥。

在老屋基村，有"喜事哭办，白事热闹"的说法。"哭嫁"是村寨传统婚礼中的独特礼仪。新娘一般在成亲前半个月或者前三天就开始"哭嫁"。在出嫁的前一天晚上，女方还要邀请自己的姐妹朋友一起"陪哭"，俗称"陪十姊妹"。哭嫁的内容主要为怀念母女情，表达即将离去的悲痛，感激养育之恩，也诉说对懵懂少女时期即将结束和新生活即将来临的忐忑不安等。

葬礼主要的仪式有开路、做道场和唱孝歌。葬礼上，道士先生围绕着棺材唱跳，死者的后辈则紧跟其后，为死者超度念经。一般开路为三天，做道场为七天，葬礼的繁简程度视死者家庭的经济条件和社会地位而定，家境好的则葬礼隆重，家境一般的则删繁就简。孝歌是在葬礼上击鼓而唱，以歌送亡，以此表达后辈对父母养育之恩的感激。例如在《明七暗八迢遇韵》中，就唱到："世上亭长大功告，新蛇起义剑戟刀；高祖登基金銮宝，百关参拜蜂子朝；平秦灭楚排山倒，天下百姓快乐逍；千军万马投降缴，五霸七雄彻底消"。四十几句唱词从古至今，娓娓道来，其中不乏波澜起伏的历史故事和醍醐灌顶的人生哲理。

山歌是当地人生产劳作时和传递男女爱慕之情所歌唱的曲调。山歌来源于山民的日常生活，虽没有固定的歌本，但歌词的内容却异常丰富，有表示对远道而来客人欢迎的、有恋人相思之苦的、有对爱人之间爱恨情仇的、还有形容共同劳动生产艰辛的和表达丰收的喜悦等。在老屋基村还流传着一首诗，叫《星岩夕照》，诗歌内容为"列宿荧荧像外排，斜阳影里焕天街。余晖倒映千层岫，绮彩直千万丈崖。杨亿摘星原有籍，张骞入汉诓无阶。郎官宅地神仙府，半在山巅半在崖"。这首诗是专为利川名宦王二锡所作，王二锡为河南泌阳拔贡，清乾隆五十三年（1770年）任利川县丞，才识敏锐，勤于吏职，颇有政绩，深受老百姓爱戴。

山地耕作是老屋基村村民传统生产方式，传统的生产器具主要包括铁具、木器和石器等。铁具一般用于耕地、挖地和除草用，如挖锄、镰刀、镐锄等。木器一般用于处理稻谷，如风车（去除稻谷等农作物中杂质、瘪粒、秸秆屑等的木制传统农具。其顶部设有梯形的入料仓，下方有一个漏斗是出颗粒饱满的稻谷，侧面有一个出细米、瘪粒的小漏斗，尾部是谷壳的出口）、扁缸、响擂（擀米工具，可将稻谷放于响擂中，然后推动磨沟，将谷壳与米粒分离开来）。石器则主要为石磨、石缸等。老屋基村群山环抱，山间竹木较多，当地人就地取材，

锄头和镐锄　　　　　　镰刀　　　　　　响擂

将竹子编成各式生产生活用具。当地篾匠师傅技术精湛,能够编织的竹编品种较多,如背篓、箩筐、竹席、竹筛等。

风车

老灶

石磨

背篓

(以上图片均由申雯清拍摄)

种植业是老屋基村从古至今世代相承的重要产业。山区土地资源匮乏,于是当地种植的方式多为混合式,如玉米与茶叶交叉种植,主要水田种植水稻,村民们还见缝插针,在土埂空地上种植蔬菜。

玉米与茶叶交种（申雯清 摄）　　　　水稻与蔬菜（申雯清 摄）

老屋基村茶叶种植历史悠久，当地村民习惯在赶场时将自家制作的茶叶带到集市上出售，以补贴家用。现在，茶叶已成为老屋基村的重要支撑性产业。

老街的百货店（申雯清 摄）　　　　老街的民宿（申雯清 摄）

老屋基村耕地有限，仅靠农作物种植不能满足村民的生活需要，因此，村民们还养殖猪、牛、鸡、鸭等，以求自给自足。山林中的野菜，如莼菜、花椒、蘑菇、紫苏、笋子、蕨菜等也为村民提供了丰富的食物来源。莼菜常生长于池塘和湖沼之中，浮生于水面或潜在水中，其嫩茎和叶背有种胶状的透明物质，富含胶质蛋白、矿物质和多种维生素等，兼具药用与食用

莼菜（申雯清 摄）

价值,被誉为"世界奇珍""中国一绝"。莼菜是老屋基村的特色食物,在村民们的餐桌上极为常见。同时,每至农闲或傍晚时分,还会有村民手持鱼叉或渔网下河捕鱼,这不仅丰富了日常餐桌,而且为生活增添了无穷乐趣。

老屋基村食品加工包括酿酒,制作豆腐、豆干、豆皮等,这些食品美味可口,广受欢迎。其中,苞谷酒的酿造手艺极为独特。首先选取颗粒饱满,无霉变、无虫蛀、无异味的黄玉米,用高温水浸泡一段时间。然后将玉米放置于酒甑中用大火进行蒸煮,之后再经过打量水、堆积、发酵等步骤。发酵过程中需严格控制温度,温度过高或过低都不适合,且发酵过程中不能打开甑以免空气进入,杂菌污染。最后,将蒸馏出的酒置于酒窖中保存,保存时间越长则酒味越醇香浓郁。生产生活用品加工则主要有打铁、竹编、制作石器等。尤其是在物资短缺的年代,老屋基村村民用自己勤劳的双手创造着美好的生活。

酿酒(申雯清 摄)

做豆腐与烤豆腐(申雯清 摄)

野猫水村

——湖光山色秀　宜影塔楼奇

利川市有一个总面积不到七平方千米却闻名遐迩的避暑胜地，这便是风光秀丽、古韵犹存的野猫水村。三座小山三面环绕，将野猫水这一汪清碧揽入怀抱。湖畔水草丰美，有茂林修竹，清风呢喃而过，将鲜花绿草的清甜吹向人间。修建于清咸丰六年（1856年）的宜影塔，历经一百六十余年屹立不倒，与湖中倒影对影成双。它们相顾百年，看世事更迭，漫嗟荣辱，看几大家族兴衰浮沉；

看农人归家,看游客熙攘;看旭日东升,也看夕阳西下。

一、野猫水村概貌

野猫水村位于团堡镇西约三千米处,它东至大坝村、长槽村、马栏槽村,南至店子坪村,西至冉家沟朱砂屯、大树林村,北至阴地山、樱桃井村。村落依山傍水,豹子顶、关山、大山坡三山环绕,将野猫水簇拥怀中;源于金字山的小河沟缓缓流过,在该村四组大河坝处汇入团堡河的淙淙水流之中。

野猫水村晚景一瞥(冉石卉 摄)

野猫水的得名,与一个传说有关。相传,明朝年间,野猫水村还是一片水田,地中有一个洞。某年秋,收稻谷之时,人们在田间看见一只野猫钻入洞中,就点燃蜡烛,想把野猫熏出来,但野猫并不为所动。于是,人们用稻草将洞口堵塞。当晚,电闪雷鸣,风雨交加,一场罕见的大暴雨将这一片低畦地全部淹没,使之成为一片水塘。这片水塘因而得名野猫塘。后来,冉姓家族于朝咸丰六年(1856年)将这个水塘进行了改建,并立了一座宜影塔。从此,野猫塘改名为野猫水,整个村寨也就改名为野猫水村了。

　　整个村寨一至七组地势平坦，多为水田；八至十组大部分属山地。一组旧称蔡家岭，相传古时此处住有蔡姓人家。二组包括下河、窑罐厂、葫芦跨三地。下河，指此地处于金子山到团堡交界处小溪的下游；窑罐厂在野猫水村西南约800米处，面靠朱砂屯，南接冉家沟，因古时候产陶瓷窑罐而得名，但窑罐厂早已湮没无痕，现在村中居住的绝大多数村民并未亲眼见到过厂址遗迹；葫芦跨中间低两端高，地形神似一个卧倒的葫芦。三组包括杉树塝和高台子两地，杉树塝位于野猫水西南约500米处，西靠朱砂屯，曾经生长着众多杉树；而高台子地势高绝。四组有土岭和朱砂园两地，朱砂园在野猫水南约700米处，东靠大坝村，据说这里的泥土乌红，颜色很像朱砂。五组旧时被称为"中间店子"，又叫"穿心店"。这里店铺林立，为往来的挑夫提供食宿，古盐道从两旁店铺的中间穿过。六组包括落水洞和劝军坝，落水洞在野猫水西约400米处，西靠朱砂屯村，因旧时四面八方的水流都汇向这里而得名。至于劝军坝的来历，当地有这样一个传说：古时候，一群村民对朝廷不满，想聚义推翻朝廷，正要起事。这时，一位老人及时出来进行了劝阻，要他们好好过日子，不要造反生事，给村庄带来祸害。听了老人的话，村民们最后打消了起义的念头。之后，这里就被叫作了"劝军坝"。七组旧称村坊，位于野猫水南约80米。在中华人民共和国成立前，村坊是野猫水村人口最为密集的地方。八组包含有小寨、土寨坝两地，在这里，寨子曾经伫立的痕迹依稀可见。九组有两个地方，一处位于野猫水东南约100米，东靠马栏槽、长槽，南接大坝，因曾经栽有四季常青的树而得名青树子；一处为刘氏家族曾经的居住地，人称刘家院子。十组分为三叉口、黄家院子和后槽三个地方。三叉口指的是三个槽口交叉处。黄家院子因黄氏家族所建老宅而得名，东至樱桃井，南至阴地山，西连大树林，这座老宅为三合院，南面一朝门，门前一桂花树，现枝繁叶茂，每逢开花季节，香气四溢。老宅历经百年风霜犹存，养育了一代又一代的黄家子孙。后槽顾名思义，也就是山槽的后面。野猫水村自古风调雨顺、五谷丰登，人们和谐相处，修养生息。

二、宜影塔记

水光潋滟，绿柳依依，在静谧的野猫水畔，矗立着一座一百六十余年不倒的宜影塔。日落时，塔身似染上一片耀眼的金光。宜影脉脉立斜阳，让人仿若置身梦幻之乡。宝塔为何唤作"宜影"，刻在宜影塔塔身的塔序向世人说明了原委。修野猫水宜影塔小序及诗文原文如下：

修野猫水宜影塔小序

野猫水一带 冈峦（冈峦）四合 隐然如大环 独缺其东一面 望气者曰不塞其隙 则内外之地脉不束 爰建塔以实之 塔临水浒 倒影其中 若投鞭然迓夕阳 迎素月 达彼岸则流可断 而气赖以束 名曰宜影 益重在影而塔之高下弗计也 夫扶舆磅礴之气 束之则聚 聚之则凝 凝则葱郁骧腾 灵秀钟焉 今而后 行见一乡之中 民气和 年穀登 人文蔚起 永奠攸居 於无暨也 又岂同荆南之息壤 域西之浮屠 徒为镇横 流作功德云尔哉 并附截句八首记于塔上。

其一

略貌存神不厌低 封關（关）祗籍一丸泥 浮屠无意争形胜 客过何妨当柱题

其二

流水夕阳写照多 一条界破往来波 分明象外传神去 障住鱼龙不敢过

其三

风度端凝镇碧湍 鱼龙寂静庆安澜 等闲未许人登眺 要作中流砥柱看

其四

大气盘旋不散开 平空结撰费栽培 遥岑远水添关键 遮莫颓风尽挽回

其五

蒸蒸日上逗氤氲 起自田间也出群 稚俗一方资坐镇 维风何必定凌云

其六

凌云有塔峙江干 毕竟攀援上下难 双脚如何平地稳 免登高处不胜寒

其七

八面玲珑涌暮涛 九层一例没蓬蒿 空铃断碣今何在 不及区区数仞高

其八

区区人力可回天 日午当空影正圆 从此地灵歌狱降 好将铜柱勒燕然

吴江枫桥氏撰　邑廪生冉复初叙　邑廪生冉寿益书

历经一百六十多年的风吹雨打，塔序上的字迹和饰纹已经变得模糊了。但透过这些斑驳的历史痕迹，仍然能够帮助我们寻找到前人建塔的初衷，原来宜影塔的修建与堪舆有关。野猫水一带三面环山，远远望去就像一个大环将它拱卫其中，但独缺东面，大环也就存在一个缺口。当时的老人说，如果不将这个缺口堵住，不利于整个村的发展。于是冉氏族人及亲戚在清咸丰六年（1856年）出资修建了这座宝塔。屹立在水边的宝塔，倒影投在野猫水水面，如同一条鞭子，正好堵住东面的缺口。有了这座塔，野猫水村植被葱郁、谷登人和、人文蔚起。塔影宜人，所以塔名为"宜影"。

虽然塔序说"塔之高下弗计也"，但宜影塔的建筑信息并不难测量。宜影塔为七层六面砖石结构，高约18米，塔尖呈葫芦状。塔门两边镌刻着"一色长天高捧日，五更沧海倒凌霄"对联，横批为"宜影塔"。塔身第一层外刻有花草，二层嵌入碑刻，三至七层均为粉面彩绘花草图案，由当地文人撰写诗词刻在塔上以作纪念。塔门左右两边分别刻有六张壁画，石原色为底色，上敷黑彩，在岁月的侵蚀下，画面斑驳不清，难以推测所述故事的细节，但隐约可见麋鹿、仙鹤、猴子、狐仙等飞禽走兽，或坐或立，或振翅欲飞。

宜影塔（冉石卉 摄）

宜影塔塔身玲珑小巧，但"麻雀虽小五脏俱全"，它的建筑理念符合"天乾地坤""万物皆属阴阳"的观念。塔的层数为七层，七为奇数；塔的平面为六边形，角和边均为六，即偶数。

宜影塔内观（来源："指间利川"微信公众号）

在这一百六十多年的风雨里，宜影塔见证了野猫水村的发展历程，而它本身也是野猫水村发展变化的证明。在动乱年代，宜影塔塔顶两侧遭到破坏，未几，塔顶又被雷击，残高仅剩3米，之后因为无人修缮，塔的六、七层杂草丛生，塔内存在多处裂缝，塔身最下层浸泡在湖水中，一度出现倾斜下沉。2008年，宜影塔被确立为湖北省文物保护单位；2015年，当地文物部门对宜影塔进行了加固修缮。现在，宜影塔结构稳定，主体完整，除最下层塔檐仍保持原样，其他塔檐均被铸成了小猫跳跃的样子，比原来更具活力。"松排山面千重翠，月点波心一颗珠"，宜影风光无限，今朝又重新铺展在诗语墨画间。

三、村寨轶事

野猫水村有三大姓氏：冉氏、朱氏和牟氏。当地有"朱氏尚武，冉姓崇文"的说法，这三大家族在野猫水村繁衍生息，留下了许多故事传说。

冉氏家族是野猫水村大家族之一，据冉氏后人介绍，其家族是1752年由麻城孝感乡（明代麻城县分四个乡区，孝感乡是明代麻城县四乡区之一）迁入野猫水村，后逐渐繁衍为野猫水村最大的家族。冉氏人口众多，分支亦繁，地域不同，字派有别，在清咸丰六年（1856年），由冉氏家族冉永铨为首的29人牵头主持，连同永、裕、广、祯四辈共78名冉氏族人，还有亲友29人共同集资修建了宜影塔。

冉氏在野猫水村是第一大姓，以崇文出名，而冉氏家族的知名人物，当属冉裕品。据《冉氏族谱》记载："冉裕品，永铨次子。字香山，号少白，敦孝弟，重纲常。素行正直豪爽，产致素封。岁饥则出谷以济穷民。独立加修利城东门外跳墩，创设南门外义渡，地方一切公益事无不赞助，人有争则排解之，有难则拯救之。乡人载其德重为之立德义碑，官是邑者无不嘉许其为人，赏谕充利城学务首士，并经管一切重公事。前后数十载舆论翕然。平生最喜成人之美，

冉氏族谱（冉石卉 摄）

见人之得如己之得，见人有失如己之失，其存心之厚，非他人所能及，故能训子成名，就学东瀛。"后人对冉裕品的评价纷纭不一，有人赞扬他饮水思源不忘本，是扶危济困第一人。而有人则控诉他是欺压邻里的土豪劣绅。冉裕品生于清末，号万安，时人称万安老爷，又因其排行老幺被称为品幺老爷。

冉裕品家三兄弟均擅长经商，老大的客栈坐落在野猫水塘的角落里，老三的客栈修在野猫水坡上，冉裕品的客栈位置最好，位于当时的盐道之上，来来往往的行人络绎不绝。久而久之，冉裕品凭借这个客栈发了财。当时曾国藩为镇压太平天国，来到湖南建立湘军，虽然湘军建立起来了，但朝廷也捉襟见肘，为筹集军饷，曾国藩便出卖官位。此时的冉裕品已是家大业大，便花了五万两银子买了个官，之后凭借自己的财富和官位，家族势力发展得越来越大。

民国初年，金龟村刘家有一块地，冉裕品多次去刘家表示自己想买，但都遭到刘家的拒绝。于是，冉裕品怀恨在心，教唆手下半夜去把田旁边的电线杆砍倒。

那个时期，社会动荡，军阀战争不断，需要电话报告军情和处理公事，电线杆被砍倒后没了信号，断了利川县政府与外界的联系。县政府马上派人下来检查，一查发现电线杆倒在了刘家的土地里，便把刘某人关进大牢。冉裕品来到牢里，再次威胁刘某人。最终，刘某人在冉裕品的威逼之下，将自己的田拱手相让。

朱氏家族迁到野猫水有两种说法。一种说法是，明洪武十三年（1380年），为了避难，朱家三兄弟四处逃荒，始祖朱奇二从浙江金华一路逃到了朱砂屯，认为此地好便留了下来，应天府的朱经九也落脚朱砂屯（野猫水属于朱砂屯），二人挽草为界分为东头派、西头派，在核桃树下的朱奇二是西头派，东头派的朱经九在板栗树下，各自安家立业。另一种说法是，明朝朱元璋的第四子封官来到湖南，始祖朱奇二跟随第四子来到湖南，因不愿为官，便继续前行来到了朱砂屯。

朱家以尚武出名。相传朱家出过一位武老爷，剿过匪，后在利川谋道当官。传说，有一位朱姓弟子力大无穷，不仅可以徒手把竹子扯起来打狗，还可以在石磨上面放酒杯，把石磨端起来敬客人。国民党反动派抓丁的时候，他在耕田，见他体魄强壮，准备抓他走，他听闻说："等一会，我先把水牛的脚洗了再跟你们走"。说完，他把牛抱起来洗脚，国民党反动派看他力气那么大，不敢抓他，便离开了。

牟氏家族也是野猫水村有名望的家族。据牟氏后人介绍，牟氏家族中最先迁到利川的始祖不姓牟而姓李。相传，元朝末年牟茂的父亲李八真为南京的宣抚司，李八真后来惹了事，招来了杀身

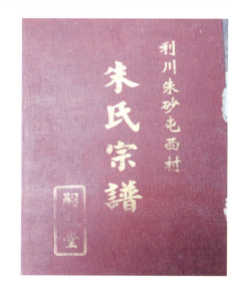

朱氏宗谱（冉石卉 摄）

之祸，为了保命，逃到了利川。还有一种说法就是李氏家族祖先为了躲避麻烦，四兄弟跟随母亲牟氏逃离家乡，同时也改随母姓，老四本来叫李茂就改为牟茂。

在逃亡的过程中,牟氏带四个儿子要过一条河,河水湍急,也没有船,行李中只有个箱子,母亲便把箱子拆成四块板子,四兄弟一人一块板子过河,万一离散了,以后凭板认亲。牟茂最先落脚的地方是李子坳的向家坝,开枝散叶后,迁到黄泥坡水库弯头,大约传了三四代,后又搬到凉雾住了十几年,最终才定居在野猫水村。

四、民俗文化

"哭嫁"是野猫水村极具特色的婚礼仪式。以前,在野猫水村,"会不会哭"被当作选择媳妇的标准。姑娘一般在婚前三天或者半个月开始"哭嫁",也有提前一个月就开始"哭嫁"的。到姑娘出嫁的前一天晚上,还要陪"十姊妹",也就是新娘带十个姐妹陪哭陪耍。"哭嫁"的内容主要是通过"哭"的方式感谢父母的养育之恩,叙述离家不舍之情,"责骂"媒人乱配姻缘等。"哭嫁"是新娘宣泄情感、祈求幸福婚姻生活、传递女性婚姻经验和密切人际交往的一种生活方式。

野猫水村丧葬仪式(冉石卉 摄)

野猫水村重视丧葬仪式,讲究礼节。在传统丧葬习俗中,老人逝世后,家属要请一位当地有威望的人当总管,一切内外大小事务都由总管负责,总管当家。

逝者的儿子、女婿、女儿等都可以叫"正孝子"，头上披孝帕。孝子的孝帕须在头上，腰上用麻绳捆好，以示"披麻戴孝"。在亲人去世后，逝者家属（一般在五日之内）和亲朋好友会"坐夜"，即在夜晚以舞狮、歌舞或吹打等方式为逝者守灵。前几日为"坐小夜"，安葬前一晚为"坐大夜"，因是"白喜事"，哀戚氛围并不浓厚。传统的仪式流程中，会有一名主持人将逝者的生平事迹编成一首四言歌，为全场来宾朗诵。朗诵过程中，逝者的孝子头戴白色麻布、手持孝棍，跪在棺材正前方，面对来宾。朗诵结束后，孝子代表丧家感谢宾客，并为来宾提供流水宴席。宾客按亲疏和辈分头戴白色麻布、扎白色头绳或身穿白色麻衣。整个过程中，唢呐、锣鼓、鞭炮声齐鸣，间或有舞狮队伍在场内表演，有时还会请戏班子现场演唱。

野猫水村村民的闲暇生活静谧、安稳，文化气息浓厚。20世纪80年代，看露天电影曾是野猫水村最为享受的文化娱乐活动。在1959年至2002年间，年近80岁的村民朱明朗自购电影放映设备，自学电影放映技术，以极低的票价，为野猫水村男女老少带来了近半个世纪的电影娱乐服务。朱明朗介绍，影片胶卷是从电影公司租来的，一般为16毫米的尺寸。放映条件较为灵活，露天、室内都可以放映，只要群众有需求，他就会放映。每次放映电影，本村、邻村的村民都会赶来凑热闹。人数最多的时候，一场观影人数可以达到300余人。除了向电影公司租借影片，他还曾自制幻灯片向村民放映，题材一般是好人好事、先进事迹，在播放电影的同时积极宣传党的方针政策。

当前，野猫水村的楹联文化十分盛行。野猫水村专门成立了楹联创作小组，会员已有38人，其中有3人加入了利川市楹联学会，有5人参加团堡镇楹联分会。会员中，有领导干部、农民、教师、医师、回乡老人等，年龄最大的年近80岁，最小的20岁左右。有夫妻、父子、兄弟姐妹一起加入的，形成一支群众自愿参与的楹联文化工作的基本队伍。村楹联小组坚持每月开展活动，邀请老师讲解楹联知识，组织会员进行楹联创作，常年为村民书写各类楹联，深受村民欢迎。逢年过节的时候，村里家家户户都会在大门口张贴幅楹联。写楹联，贴楹联，正逐渐成为村民生活的新风尚。

海洋村

——百年老院落　旧韵寄乡愁

　　海洋村位于利川市凉雾乡，距市区约 19 千米，平均海拔约 1200 米，属丘陵地区。海洋村的蒲家大院坐落在半山腰，民居建筑古朴雅致，别具特色。2013 年，蒲家大院入选住建部、文化部（现文化和旅游部）、财政部公布的第三批中国传统村落名录。

一、海洋村概貌

海洋村主要姓氏有黄、蒲、喻、姜、邱等，其中黄姓人口最多，截至2019年，有166人，占全村总人口的25.8%（据海洋村村委会2019年统计数据）。从几大家族所修的族谱记载来看，海洋村早期人烟稀少，因为战争、旱涝、饥荒等天灾人祸，大量外来人口迁居此地，拓荒置业，繁衍生息。

海洋村的蒲家大院远近闻名。蒲家大院建于清朝中晚期，距今大约120年的历史。蒲氏古民居占地1000余平方米，由两个相对独立而又紧密相连的三合院组合而成，其房屋古朴，无华丽的装饰，坡屋顶，小青瓦屋面垛脊，花格窗，司檐悬空，木栏扶手，走马转角，传统的土家吊脚楼风格；青石板铺路，刨木板装壁，古香古色；房角及屋檐有楼面檐口，无山墙，布局合理，设计紧凑，属于典型的清代民居建筑风格。院前有一个坪坝，面积大约有200平方米。

1949年初，海洋村村委就设在蒲家大院；1957年由初级社转为高级社，命名为海坝大队，20世纪70年代更名为海洋大队。直至利川建市后更名为海洋村且沿用至今。海洋村历史悠久，民俗文化丰富，传统节日极富特色。

二、神话传说

海洋村原名石马箐，传说在海洋村周边有一个被称为"沙溪"的地方，盛产玉米和水稻，每年收成都很好。但突然有一段时间，这里发生了一件很奇怪的事：田地里的庄稼在白天都是好好的，但是每天晚上，总有一小块庄稼莫名其妙地被损坏。起初，村民猜想肯定是野猪破坏的，但是多次寻找，都未发现野猪的踪迹，田里也没有留下任何线索，这让人们感到非常不解。看着田地里的庄稼一天天被毁，村民们商量决定，每天晚上派专人在田间蹲守，看看到底是什么东西在作怪。在一个月光皎洁的晚上，负责值守的人突然看到一匹体形高大的白马在田间啃食庄稼，于是赶忙敲锣打鼓，大喊大叫。村民们听见响动，从睡梦中惊醒，赶紧拿上农具，想来抓住这匹白马。这匹白马从田间跃起，转身飞奔而去,村民紧追不舍。但当追到现在海洋村石马磬这个地方时,这匹白马就突然消失了,踪迹全无。过了很久,有一个石匠,在石马磬开凿,无意中凿开了一块大石头,令石匠感到惊奇的是,凿开的石头竟然血迹斑斑。村民们这才知道,当年偷吃庄稼的那匹白马变成了石头。自此以后,这个地方就被村民叫作石马箐。

现居住在海洋村的大家族之一——蒲氏族人,即为原居住在利川县南三保,地名海坝(石马箐)的一支,沿用"承启文廷显,明通景运光,弘道崇淑化,懋德应克昌"蒲氏辈派。蒲氏家族因躲避战争灾祸不断迁徙,其中一支流入利川地区。海洋村蒲氏族谱记载:

> 本宗河东世族。周迁福建淮安,汉移江西南昌丰城县。宋于湖广麻城西望山。南宋时,辽金殆尽,恭宗间,元势钢锋,族恐,宗图遣之。遂于云山叠翠,鸠工鉴石。于祠树之以碑。镌列分支房代,备之祥矣。元世祖,十二年庚寅,避祸各散。惟我正国祖,避隐黔地,明初戊申,创业于湖南沅州府芷江县永宁里天雷山,至天启五年,一枝分八大房,

蒲氏新老族谱(左新谱,右旧谱)(姜大为 摄)

乃从元初正字为始也。

"上祖原系吴西南昌府丰城县小地名猪屎巷，往复寓楚南沅州府芷江县永宁里，地名四家湾寨，于雍正末年入川至乾隆元年置业于湖北施南府利川县市郭里南三保（地名石马箐）居住"。

在封建社会里，为了维护乡村秩序，不少乡村还制订了许多村规民约。据海洋村蒲氏家谱记载，明万历三年（1575年），蒲九光立约据二份，蒲氏田产房宅，祖宗墓地清单及管理事宜，具体内容如下：

字约一

立根本照后字约人蒲九光等，今因祖居西晃山千军坪石禾场。其地花形，后有基地，教马场，放牛坪，基地蛇形，前系大二三四五房所住手足，九房共母同气，因地馋废，今有哥兄八房各移出外，此有阴阳二宅存系子孙之计，其阴地地名周公田左右二穴，又地名梅子冲两河口龙形一穴，又真龙坡龙形一穴，其田山场以下至齐云山古庵为计，与上阳雀凹与通米公山为据，当凭天地神灵亲族，恐后蒲姓子孙归根，其约不可隐藏，如有隐藏忘先人根本，有天地神灵不佑，当书照后字约与付约四纸，存二纸田永庆家内，愿其子孙荣昌，世代兴隆，立此照后字约存照。

字约二

立复约人蒲九光蒲万寿蒲万才蒲万湘。

今因先祖居住西晃山，因子孙繁成，不便耕种，叔侄兄弟商议移居天汀，会同四川原系九房，今各一处，有祖佳城在于西晃山蛇形一穴，双龙出洞一穴，唐家山观音坐莲人形一穴，有冀洞人一穴，一共四穴，祖坟因各住开，不便祭扫，叔侄请凭中正在内，三哀劝亲识人，田永庆原复照管日后不许外姓进葬，亦不许无知之徒肆行伤犯，如有伤坟，即速通报，决不至于简慢，一同房族赴县，各执照后复约入公存照为据。

此外，黄氏家族也曾是当地望族，祖籍沅江。黄氏宗谱记载：

"黄氏以食邑赐姓，系出颛顼，郡名江夏，故根深而枝茂，源远而流长也"。"黄氏食邑于黄,以黄为姓盖颛顼之孙,伯益之后也,更历数代,延即始祖,讳启尚公,配祖妣杨孺人,生三子以耕读寄籍湖南沅州芷江县永正里"。后世沿用字派"启仲宗金光;秀再通永昌;大显高名士;荣廷绍书香。"

黄氏新老宗谱(左新谱,右旧谱)(姜大为 摄)

蒲家大院后山至今保存着一座黄氏古墓,上有碑文"旁墓能长一如身敬奉,黄永喜。"立碑时间为"光绪十六年庚乙年"。另外,还有一座古墓位于老祠堂附近的树林里面,因未受破坏,石碑至今保存完好。

古墓碑经历日晒雨淋,碑文因多年侵蚀早已模糊不清,仅勉强识别出部分文字。古墓石碑中间自上而下写着:"皇清待赠/诰题/继考/母黄公讳永梁/杨君老大/孺人寿藏。"左边从上到下写有:"光绪六年庚辰仲夏月"。

在封建社会中,大姓在村中占绝对优势。"大姓欺小姓"的事情也时有发生。不过,海洋村一直流传着"黄保长借马"的故事,倒是讲述了"小姓氏"在面对强势与凶险所体现出的勇气和智慧。

民国时期,海洋村实行保甲制度,担任保长的是黄氏家族的人。当时黄家两兄弟黄显角、黄显军分别担任正、副保长。因为保长一职有一定的权力，再加上黄家在村里势力较大，所以他们欺压其他村民，巧取豪夺也是常有的事情。当时在海洋村有一姓冯的农户，冯家两兄弟是养骡子的，黄氏兄弟就看上了冯家的骡子，想据为己有，便上门找冯家兄弟，以赊账为由，将冯家的骡子强行拉回黄家，冯氏兄弟势单力薄，只好同意将骡子赊给黄保长。随着时间一天天消逝，冯家一直没有收到黄保长赊账的钱，多次上门讨要无果，冯氏兄弟便商量将骡子偷回了家，保长得知后便再次上门讨要，

黄氏古墓（姜大为 摄）

但冯氏早已在大门院墙的上面，布置好了四五支火枪，准备鱼死网破。保长看见这个架势，也不敢向前讨要，最后只好撤了回去。后来，冯家为了应对黄保长日后报复，便拜了一位姓牟的（民国政府官员）为干爹，不断壮大势力。由于牟氏是黄家的亲戚，牟氏从中调和，黄、冯两家才冰释前嫌，最后结束了"借骡风波"。

三、百年大院

蒲家大院靠山面水，以南北轴为对称，依山就势，村落道路蜿蜒而上，院下良田成片，群山似一把圈椅稳托大宅，山溪顺流左右，绕宅汇于门前的革井溪。蒲家大院周围古树参天，枝繁叶茂，葱茏劲秀。其间有枫香树3棵，树龄110年左右，分别位于黄胡子湾、姜家坪、凉桥边，树形优美；皂角2棵，树龄分别为110年左右（位于梨子坪）、60年左右（位于屋边梁子），树干高大、枝

叶稀疏；核桃树1棵，树龄90年左右，位于梨子坪；香樟一棵，树龄120年左右，位于棕树坪；水红树1棵，树龄180年左右，位于杨家院子；榆树1棵，树龄150年左右，位于姜家坪；南方红豆杉1棵，树龄50年左右，位于棕树坪。

蒲家大院远景（姜大为 摄）

蒲家大院近景及阳台走廊（姜大为 摄）

蒲家大院各式窗花（姜大为 摄）

蒲氏古民居为木质结构，两个三合院均为一正两厢，中间的厢房背对而倚，形成一体。三合院的正屋为五开间，石阶齐整，气势依旧。厢房则是传统吊脚楼式,双层彩楼,飞檐高翘。院落周围,绿树成荫,鸡犬相鸣,登上吊脚楼远望,只见山峰逶迤,良田千顷,宛如世外桃源。相传,清朝初期,蒲氏祖先流落至此,看到这里满山棕树,土地肥沃,水源充足,于是在棕树坪安居,发家置业,修建院落。

蒲家大院遗留的石磨(姜大为 摄)　　蒲家大院保存的火坑(姜大为 摄)

山脚,老祠堂河(革井溪)顺坡而下,从山脚到山坡,梯田埂回堤转,重重叠叠;从山腰到山顶,则是满目林绿,云雾蒸腾,一湾灰色的吊脚楼群点缀其间,一幅优美的山水田园图呈现在人眼前。

蒲家大院对面的山坡处,立有一座石碑,名为"指路碑"。石碑上刻有:"钦加同知雨当战陀祖补用直隶川属施南府利川县正堂加二级纪隶五次用",碑刻时间为"光绪十年"。石碑边角上也有一些文字痕迹,但已模糊不清了。至于"指路碑"的来历,有不同的说法。不过,海洋村村民却习惯将这一块"指路碑"叫做"叫花碑"。因为村里流传这样一个故事:以前海洋村比较富有,碑后是一座庙,恰逢时局动荡，人们四处流亡，"叫花子"成群结队。有一天，一群"叫花子"来到海洋村乞讨，当地的贤达人士就和这一群"叫花子"的领头人商量，让他们住在庙里，村民送粮食到庙里给他们。"叫花子"领头人听了以后，非常高兴，便爽快地答应了。后来，村民还和这群"叫花子"共同打了一座碑，提醒和指引后面来的"叫花子"可以暂住庙中。正因为有这样的来历，所以当地人便叫它"叫花碑"。

海洋村的村民先人有着"家神"信仰。蒲家大院正对堂屋大门的一面墙是"家神"的供奉处，当地叫做"香火"，一共分为上下两层，上面一层是用一张红纸贴在香火正中间，上面写着"天地君亲师位"六个大字，右边是自家姓氏的"堂口"；左边立灶王、财神等，如"求财有感，四官尊神"等。左右两边字体相对要小些。在这张红纸左右贴有对联，如"金墉紫香焚千载，银台玉镯点万年"。香火下立"土地堂"，同样是红纸上写字，然后贴在上面，写的主要是如"招财童子，进宝郎君"等字样，另有香炉一座，蜡台两只。当地风俗认为，人生一世，天为大，地为二，三为君，亲为"三亲"

指路碑（姜大为 摄）

神龛（姜大为 摄）

(包括父根、母源、妻族)，师为传道授业之人。

供奉祖先，既是一种精神信仰，也是一种道德体现。供奉祖先的目的，一是表示对祖先的怀念，二是祈求祖先对子孙福祉的保护。正因为他们认为祖先是关照子孙、保佑后代的善神，所以将"亲"与天、地、君和师排列在一起，逢年过节、婚丧嫁娶等情况都要祭祀祖先，请求赐福。

四、民风民俗

海洋村村民喜欢唱山歌。过去，村民们在进行生产劳作时，自编自唱山歌，缓解劳动疲劳，寻找劳动快乐。在这里也流传着经典的顺口溜："久不唱歌，忘歌词；久不摇船，忘江湖""无前无后不唱歌，大户人家子女多，老的听了直冒火，少的听起睡不着"。村里流传下来的山歌不计其数，例如：

幺妹歌

正月里来是年宵，你是幺妹爱热闹，腰中镶根黄绿套；二月里来百花开，你是幺妹爱打牌，打去打来不回来；三月里来是清明，你是幺妹不是人，带坏回转小学生；四月里来四月八，你是幺妹哥要家，细白草帽往前啄；五月里来是端阳，你是幺妹巧梳妆，衣服四角傍射香；六月里来六伏天，你是幺妹爱吃烟，白铜烟杆在手边；七月里来是月半，你是幺妹爱打扮，青布金桂南布衫；八月里来是中秋，你是幺妹巧梳头，梳个盘龙橘秀球；九月里来是重阳，你是幺妹爱赶场，赶场去会小情郎；十月里来是阳春，你是幺妹爱看郎，看来看去看花心；冬月里冬月冬，你是幺妹莫吹牛，吹牛又是脑蛋痛；腊月里来落大雪，你是幺妹惹不得，赶场都花二百钱。

采茶歌

正月采茶正月正，采茶娘子爱关灯，娘子关灯是假意，一心只想美郎君；二月采茶龙抬头，采茶娘子眼泪流，别人夫妻长相守，奴家夫妻不到头；三月采茶是清明，采茶娘子去陪坟，别人陪坟祭先祖，奴家陪坟祭夫君；

四月采茶是忘下，采茶娘子泪巴巴，可恨奴夫寿命短，阎王错拿不回家；
　　五月采茶是端阳，采茶娘子泪汪汪，端阳美酒摆桌上，不见我夫再来尝；
　　六月采茶热皇上，支英木下小情郎，海棠山上青齐彪，血泪梅花一遍开；
　　七月采茶是月半，采茶娘子论先祖，去年与夫过月半，今年与夫花纸钱；
　　八月采茶是中秋，采茶娘子泪不干，别人夫妻相到老，奴家夫妻不到头；
　　九月采茶是重阳，采茶娘子哭断肠，重阳美酒摆桌上，不见我夫再来尝；
　　十月采茶对阳春，采茶娘子泪行行，别人夫妻相到来，奴家夫妻不到头。

村民认为，从出生到结婚再到死亡都是人生中的大事，都要举行隆重的庆祝或者祭祀仪式。

在海洋村，孩子出生要举办"打三朝酒"仪式。小孩出生的第三天，新生儿的外婆会组织女方亲戚前来庆贺，主人家也会大摆宴席，热情款待。孩子的外婆带来的礼物主要有"三样"：米酒、小孩衣物和背篓。由外婆或娘家其他人请人将这些贺礼挑送到主人家里。外婆过来之后，就要将带过来的衣服穿在孩子身上，边穿还要边说吉利话。"打三朝酒"，前后一共是三天时间，第一天是娘家人带着祝贺过来，第二天就会有其他亲朋好友过来，吃饭喝酒并送来祝贺和礼物，最后一天就是欢送客人，主要就是送娘家人。在走之前，会给帮忙挑贺礼的人红包或者其他礼物，当地叫"草鞋钱"。

总之，"打三朝酒"习俗，一方面是为了庆贺家中新添人口，祝福孩子健康成长；另一方面也是传统社会人情往来的需要，在你来我往的过程中，密切了村民间的联系。

俗话说"洞房花烛夜，金榜题名时"，结婚也是人生命历程中的重要时刻。海洋村的婚礼仪式热闹，隆重。婚礼一般需三天。

第一天"搭红"。当天，男方清扫房屋，布置场地，进行婚礼筹备。同时，为了安排好结婚当天的事情，保证婚礼仪式的顺利进行，男方家还要宴请婚礼当天帮忙的人，当地叫做"吃帮忙饭"。这一天晚上举行一场重要的仪式——"搭红"。新郎家中姑舅等亲戚要来"挂花红"。"挂花红"的姑舅必须要准备好衣帽鞋袜、一段七尺长的红布、几斤白酒，其他礼物具体多少，根据家庭条件而定。

晚饭之后，举行告祖仪式，由司仪主持，父亲带领新郎来到堂屋，跪在家神前叩拜祖宗，由司仪宣读告祖文后起立，姑舅为新郎披红戴花，说吉利词：

手解红儿五色光，说起红来有根讲；

王母生下七姊妹，个个都会织龙帐；

大姐织的金鸡对凤凰，二姐织的海中现龙王；

三姐织的麒麟现狮子，四姐织的麒麟现海棠；

五姐织的文官对武将，六姐织的大臣对君王；

只有七姐年纪小，织的红来闪金光；

虽是神话不适当，古为今用表瑞祥；

机器织的红绫布，今晚解来搭新郎；

新郎新娘站在中堂，良缘佳期喜气洋洋；

子子孙孙青云直上，夫妻到老福寿安康；

红搭左边生贵子，红搭右边福寿安康。

第二天"传杯与拜堂"。这一天是婚礼的正日，首先上午是"传杯"。早上，男方就要准备去女方接亲的相关事宜，包括接亲领头人和帮忙抬嫁妆的人。在这里有特殊的习俗"男方不接亲"，意思是当地习俗规定新郎官是不能前去接亲的，具体结亲任务是由请来帮忙的接亲领头人（知客事）代替新郎官前去女方完成接亲任务。相关事务准备完成，具体出发时间会根据女方家距离远近而定，距离较远就会早点出发，较近则会相对晚一些，但一般都会在中午十二点之前到达。接亲队伍在男方家吃早点，到女方家后吃早饭。早饭过后，男女双方主事人接洽商量开始发亲。发亲时，按照女方主事人安排，女方将给女儿的行嫁（即嫁妆）抬出屋外，由男方一件件接过去。在接嫁妆的过程中，男女双方派人通过对答的形式，相互客套称赞，当地人称之为"传杯"。

发亲之后，如果有花轿，花轿在前，嫁妆在后，如果没有，则是新娘走在前面；行嫁后，柜子在前，铺盖在后（一般是八床棉被）。按照这样的顺序要一直走到接亲队伍看不到女方家门，才可让抬嫁妆的队伍走上前，新娘或者花轿跟在后面。到达男方家后，抬夫（抬嫁妆的人）说吉利话，表达恭贺，男方必须发红包或

者其他礼物以回应,否则嫁妆难以进入主人家中。"十贺新郎"是当地极为流行的祝贺语:

  一贺新郎一对鸳鸯,二贺新郎二人寿长,三贺新郎山中名望,四贺新郎事事通畅,五贺新郎武官武将,六贺新郎六合春光,七贺新郎七小连芳,八贺新郎八方名扬,九贺新郎久长贤良,十贺新郎十全安康。

  红包发完,行嫁全部抬入新房,新娘则在外等候,男方亲属开始布置新房。

  下午,新房布置妥当之后便由主事人将新人带到正屋进行拜堂仪式,分别是拜祖先、跪父母、谢亲友,同时在堂屋前摆一个黑盆(用火将铜质盆烧黑),两人在拜完堂之后,要共同敲打黑盆,这是请示祖先,只有完成这个仪式才能算两人正式结婚。这个仪式完成之后,新人进入新房休息,下午的酒席开始。开席吃饭,女方送亲客人与男方家客人是分开坐的,因为给送亲客人上菜方式和数量是有差别的。上菜方式格外隆重,每上一道菜的同时,会放一小挂鞭炮;上菜数量也会比男方多两道菜,多出的这两道菜是一对新人对女方来客的特别感谢。但是在这两道菜端到饭桌时,桌上的人必须说一些特别的吉利话,否则会很难得到这两个菜。当然这只是一种形式,为的就是增加热闹的气氛。晚饭结束,便是到了闹洞房的时间,在新房里,花生、糖果等各种小吃已经全部摆好,亲朋好友(主要是同辈人)就会进到新房围坐在一起,开展如唱歌、游戏、猜谜语等活动,祝愿新人感情和睦,长长久久。

  第三天"回门"。早上请帮忙的吃"复圆饭",新人出来敬酒、"装烟"(发烟),送走亲客。同时根据当地习俗,这一天也是新人回门的日子,新人回门必须当天返回,不能在女方家过夜,要回男方家守新房。

  除婚礼仪式之外,海洋村的丧葬礼仪也有一些特别的讲究。当地为90岁以上去世的老人举行的葬礼,称为"白喜"。孝子穿红或戴红,同时去世的老人穿的寿衣也必须是红衣;另外,当地还有"送寿碗"的习俗,也就是去世老人家里在举办丧事的当天,会给前来吊唁的亲朋好友一个"寿碗",表示对来客的感谢和祝福,祝愿来客也能健康长寿。

  当地的传统习俗中,对于逝者棺材的摆放位置、方向也是有讲究的。对于客死他乡的人讲究落叶归根,但是客死他乡的人,棺材是不能从正门抬入的,需要从侧门或者后门抬入灵堂;逝者如果还有父母等长辈在世,其棺材是不能摆正的,如果没有至亲长辈在世,棺材方可摆正,表示对在世长者的一种尊重。

此外,丧事的持续时间、祭祀形式、酒席安排以及"棺木上山"(出殡和下土)都有一套完整而特殊的仪式。丧事一般需3～8天,时间长短,主要是根据主人家的经济实力而定。家庭富足的,一般在7天左右,家庭困难的,一般3天时间。在祭祀形式上,当地有请"端公"先生的习俗,请他们来为逝者做法事,人数1～4人,在灵堂举行"绕棺"。丧事期间的酒席安排也有规定,如果家中两位老人有一方还健在,酒席的数量只能是单数,只有两位老人都不在世了,酒席的数量才能出现双数;开席之后,孝子要在灵堂拜一下,孝歌唱一轮,酒席才能开一轮,寓意逝者与亲人共进餐。下葬位置也有最基本的要求,在房屋后面是不能建新坟的,当地流传一句俗语:"坟前能修'四联三'(当地一种房屋建造布局),屋后不能埋新坟"。

在传统节日中,农历正月初九称为"上酒节",这也是当地特有的节日。在海洋村,因为特殊的山地气候,玉米是当地主要的粮食作物之一,人们种植的玉米,一部分是人吃和喂养牲畜所用,还有一部分用于酿酒。在村里,大小酿酒作坊数量较多,喝酒也就成了当地人们日常生活的一部分。在正月初九这一天,人们就会邀请亲朋好友来到家中,一起喝酒吃饭,共同迎接新的一年。这一习俗传承至今。现在海洋村的"上酒节"举办得愈加隆重,因为过了这个节日之后,村寨里的年轻人就会拾起行囊,到繁华的大都市去寻找"诗和远方",在家的人也要开始新一年的耕种。

海洋村对农历七月十二或十三的"月半"也是格外重视,当地流传着这样一句俗话,叫做"年小月半大"。这一天,村民们除了准备一席丰盛的家宴外,还要举行"烧包"仪式。在节日当天,将祭祀所用的"火纸"折叠,然后用铜钱在这些火纸上面印一个铜板印,印完之后用白色纸将火纸包裹好,再用笔在包裹好的白纸上面写上家中已经去世的亲人的姓名、出生年月、属相等信息,即"封包"。"封包"之后,先将其放在自家堂屋的香案上,要放七天,之后才能在自家堂屋中将这些"封包"烧掉,以示祭奠。

重阳节也是海洋村的重要节日。重阳节的这一天,海洋村流行"打粑粑"的民俗活动。因此,一到重阳佳节,当地家家户户都要打糯米糍粑。"打粑粑"是一项劳动强度较大的体力活,一般都由年轻力壮的小伙子来完成,两个人各拿着一个木锤子先配合将蒸熟的糯米在"石窝"里揉搅,然后轮翻捶打,直到糯米黏揉成为一团。做粑粑也很讲究,双手要沾上蜂蜡或茶油,将打过的糯米捏成一个个小砣,然后使劲用木板下压,使之变圆变滑。

石窝(姜大为 摄)

每年春节期间,玩"车车灯"是最受当地村民欢迎的娱乐活动。"车车灯"是用篾条(竹条)扎成,糊上皮纸,修剪轮廓,形如车轮,有顶篷。"车车灯"由四人演唱,演主角的是"幺妹",站在"车车灯"当中,又叫"心子";旁边有年轻男子、年纪稍大的妇女配合演唱;后面有丑角"捧"和"逗"。一般在村民的堂门前表演。舞蹈和唱词多属"即兴起舞,见物有歌"。如下面这一段唱词(特别是开始出灯时唱):

> 车车灯儿车车灯,不过是个耍玩艺。
> 虽说玩艺有根本,起源三国益州城。
> 尚香娘娘心烦闷,染下相思忧郁病。
> 皇叔知道娘娘病,忙去请教诸孔明。
> 军师主意早打定,设计造成车车灯。
> 尚香娘娘把车进,坐在车上出朝门。
> 刘备子龙把车引,后面推车三将军。
> 沿途观赏风光景,庶民百姓齐欢迎。

> 尚香娘娘多高兴,文武百官笑盈盈。
> 唱歌跳舞喜不尽,触景生情吟诗文。
> 正月初十才出灯,元宵佳节转回程。
> 不知走了多少路,看的景物数不清。
> 芭蕉树上莫问路,棕树脚下莫盘根。
> 芭蕉树上千条路,棕树脚下万条根。
> 千条路来万条根,前传后教到如今。
> 一元复始万象新,特来主家贺新春。

此外,海洋村在逢年过节的时候还有舞"金毛狮子"的习俗。舞狮头和狮尾的各一人,外有四人打锣鼓,另有一人扮演罗汉,手持帕子逗狮子。另外,所需道具主要是十一张桌子,相加而叠,在最高的一张桌子上面还要放一碗水,舞狮的人攀桌而上,顺利取到最高处的水,就表示节目成功完成。另外,舞狮过程中还有可能出现特殊的仪式和节目。例如,在结婚等庆祝仪式中舞狮,有"摆字猜谜"的习俗,不过是由主人家来说,由舞狮的人来猜,猜到便会有红包,谜语无固定内容。

村民在建造房屋、制造农具时都会使用木材,因而木匠祖师爷——鲁班在当地倍受木匠们敬重。

村民在生活中不断总结经验,创造出了许多用于治疗跌打损伤、头痛脑热等问题的土医方法。例如,海洋村的"推拿"十分流行。如果患者出现头痛脑热的症状,村里的土医师就会用一小碗酒,点燃后,用手指去沾少许,然后再去按压患者头上的风池、风府、天柱、太阳、百会、印堂等穴位;如果是身上其他地方有不舒服或疼痛,也可采用这种方法去按压。

黎明村

——鲤鱼跃龙门　德义传万家

黎明村位于利川市建南镇东北角,东与重庆万州区中山相邻,南与和平村、联合村接壤,西靠柏杨渡村、平和村,北邻田元村,距建南集镇约10千米,距罗田古镇约8千米,辖区面积约6.5平方千米,辖区16个村民小组共541户2071人(据黎明村村委会2019年数据统计)。黎明村建村时间可追溯至明清时期,在"江西填湖广""湖广填四川"移民潮中逐渐形成,夏、张等姓聚族而居,延续两百余年。村内"睦家寨"古村聚落、明德学院(夏氏家塾)、摩崖石刻、张氏古墓群等历史遗址保存比较完整。2019年，黎明村被列入第五批中国传统村落名录。

一、黎明村概貌

黎明村所在地属于利川市齐岳山的支脉，它发源于建南镇箭竹溪红板鱼，再往下到轿顶山（因山体形似一顶轿子，故称为轿顶山），轿顶山再分支下面叫谢家牙口，最后外延到黎明村的中心地带庙梁，庙梁、轿顶山、穿眼山、王母山依次向北连成一条直线，黎明村便处在这条直线的最南端。村庄四周主要地形为山地，整体呈"三山夹两河"的特征，"三山"为南加山、庙梁、老鹰寨，"两河"则为流经村内的两条小河，名为大范家沟和小范家沟。

黎明村有原始森林约1000亩，境内山峦叠嶂，溪水横流，峡深石峭，自然景观优美。形成了森林绿海、鱼跃龙门奇石、石林奇景、清流瀑布等自然奇观。

海拔约1200米的高山密林掩蔽着绿缎带似的范家沟小河。河水在奇石密布

黎明村全貌（姜大为 摄）

的深涧里一路前行，在与黎明村相邻的柏杨渡形成了高峡平湖的奇观。多年前，此处湖面较宽，行人过渡不便，岸边那棵挺拔修长而极具灵性的柏杨树似乎有意横卧在水面上生长，以其身为桥，以便当地群众出行。令人称绝的是，大自然鬼斧神工，在这里"削"出了一面大断层，左边是缓缓流淌的小河，右边是几十丈深的绝壁，河水从这里跌落下去，形成飞水岩瀑布。

黎明村是一个移民村，此处早期是一片荒芜之地，明清时期夏、张等姓氏陆续迁入，并不断发展壮大。村落人口按姓氏聚居特征十分明显，夏、张、向、卢是村寨中的大姓。夏、张等族谱明确记载其祖先迁徙的路线与经过。村寨中碑刻、摩崖石刻保存较好，传统民俗生活气息浓厚。

二、鱼跃龙门

在黎明村睦家寨的寨门口，有一块形如鲤鱼的巨石横卧在溪流和半山之间，其鱼头、身子和鱼尾与真鱼的外形没有两样，就连那微微张开的鱼鳃都栩栩如生。看上去是一条鲤鱼在用尽全力往上跳，如"鱼跃龙门"，因此得名"鲤鱼石"。

睦家寨寨门鲤鱼石（姜大为 摄）

在黎明村庙梁有一座小山，山顶矗立着一块巨石。巨石旁有一棵檬子树，高大挺秀，枝繁叶茂。后来檬子树被砍，庙里的菩萨像也被毁。20世纪80年代村民曾集资重修了檬子树菩萨庙。

三、徙族而居

黎明村夏氏村民是夏定万及其子夏永春、夏永富的后代，原籍是江西德安县，世居湖广武昌县，1769年，夏氏家族迁至利川建南黎明村。黎明村原来刘氏家族势力较大，后来家道中落，夏氏出资购买了刘氏家族的土地，也包括范家沟。夏氏在黎明村生活了两百多年，分布在大范家沟、小范家沟、石门、梁桥坝、柏杨渡等二十多处。夏氏家族辈分字派共有二十四字："贤君正国、定永世昌、绍师家学、锡之辉光、思培明德、敬惠安祥"。正义堂《夏氏宗谱》第一谱于清同治十一年（1872年）问世，第二谱于民国十一年（1922年）付梓，第三谱即为现存宗谱。《夏氏宗谱》载有：

> 诰封徵仕郎晋封奉直大夫定万公墓志。公讳定万，伯仲有五，世居武昌马迹，缘生有异志。年十五，贸往河南、四川间，旋归葬其亲。及四十，过利川建南三保之紧水口（现黎明村范家沟），见其地可栖止，因赴贵州迎谢太孺人来居焉。性严正，扶弱恤贫，不交豪强。乾隆戊戌（一七七八年）间天旱，公积谷百余石欲粜焉，乃误因官事，牵延果。至己亥（一七七九年）春，谷价陡昂，公尽粜去，每石约得钱六千余文。不数年，而家以丰，是天之报施善人，固不待榷算也。弟辈来，皆厚遣之，勉其守桑梓。尝谓家人曰：吾住家于此不得归，子若孙当承吾志，为前人光以德贻后世，他非愿耳。今也，孙曾罗立，簪缨济济，贻谋未有艾欤。公以雍正七年（一七二九年）己酉七月初八寅时生，以嘉庆十二年（一八零七年）丁卯五月十一日午时寿终，享年七十有九。葬于自置柏菓坪宅右，扦作丙山壬向。公孙轩臣诸公，涓吉为墓志，嘱麟志之。麟以谱事往来，闻公之德颇详，因敬为之铭曰：惟公之德表

表出尘,生而豪迈,继则精纯,于人于物,以义以仁,二千里外,抱璞归真。

黎明村夏氏宗谱(左为第二次修订旧谱,右为第三次修订新谱)(姜大为 摄)

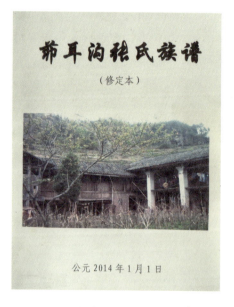

张氏祖籍陕西,祖辈随军驻四川,征贵州,于清乾隆二十七年(1762年)迁至利川建南三保茆耳沟,遂开垦拓荒,安家置业,不断发展。茆耳沟碑文所载字派:"翔观翊泰运、盛德启文隆、良义臣忠显、昌宗辅佐宏"。黎明村张氏今传至"德"派,在茆耳沟的张氏已经延续至第11代。2014年新修的《茆耳沟张氏族谱》记载了张氏先祖张承爵的祖墓碑文:

(姜大为 摄)

原籍陕西咸宁县椒子村（现在的西安市西边，属于西安市管辖的椒子街），自宋南渡，恢祖由武功大夫，任四川蘷州兵马府，奉命征贵州。至高祖父鼎亨，高祖母徐氏有家谱。曾祖父天湖，曾祖母赵氏。吾祖雍正十一年癸丑十二月初五寅时本贵州思南安化县蛮一司邓家磊土地祠生，乾隆二十七年（1762年）同祖母易君来湖北建南三保，置业创建。辛于乾隆四十七年（1782年）壬寅冬月二十二日辰时，卜葬于此。八十有五年。幸孙元家占履泰崇祭所，重立碑石，明追远也。

四、崇文睦家

睦家寨又名木佳寨，伫立在百米高的悬崖峭壁上。绝壁上的翠竹苍松掩映着青瓦白墙，炊烟缓缓升起，显得十分幽静。沿着一条山坡缓缓而下，到达山脚，便可看见一条河沟，河沟上有座石桥。跨过石桥后，就来到一个山洞前，这里就是通往睦家寨的必经之路。穿过山洞，沿小径向上攀行至山崖前，就可看见"睦家寨"石刻，这便是黎明村夏氏家族核心居住地。睦家寨依山而建，规模宏大，庭院精致，题刻气势磅礴，造像朴实生动。睦家寨村民将祖先、佛像和戏剧人物一同刻在摩崖上进行膜拜，这种现象较为罕见，是研究鄂西南地区信仰崇祀的独特案例。

睦家寨遗址（姜大为 摄）

睦家寨地势南高北低,面积约 2 万平方米,村寨曾建有文庙、字库塔、承恩门、日升门、迎薰门等。在 20 世纪 60 年代,睦家寨的传统建筑遭到破坏,目前还保存有部分老建筑、寨墙残垣和摩崖题刻等。夏氏宗谱收录的《木佳寨明德书屋图》形象地描绘了村寨往日的气势。

木佳寨明德书屋图

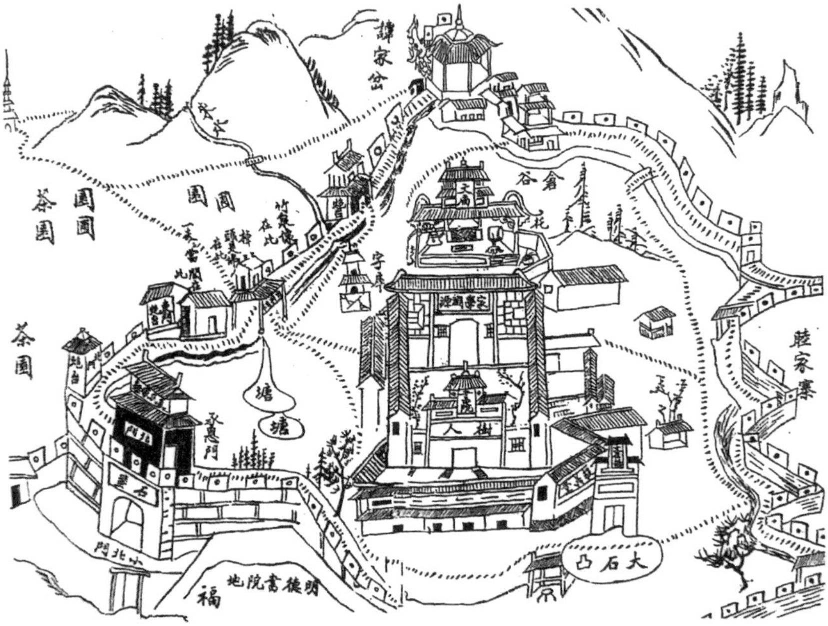

民国壬戌年谱原图
公元二零一六年岁次丙申 仲秋月 正义堂重刊

民国夏氏宗谱收录的木佳(睦家)寨明德书屋图

睦家寨并非以"睦姓"命名,它体现的是村民的美好愿望,即希望家族和睦团结。睦家寨的修建者为夏世清,号竹泉山人,是黎明村夏氏次祖夏永春的三儿子。当时的黎明村虽地处偏远,但仍受动荡时局的影响,于是"修睦家寨以防患难,建家塾以储人材,立寝庙以聚宗族。"便成为夏氏家族修筑山寨的初衷。

夏世清积极动员族人，大兴土木，筑寨建村，于清道光二十八年（1848年）竣工。村寨周围建有厚三米、高六米的石围墙，墙上有垛可供射击之用，寨门设有炮台，整体布局严谨。

睦家寨里的"明德书院"，为独立完整的四合院，雕梁画栋，古朴典雅。后来因时局动荡，疏于管理，房屋及设施日渐老化，先后由夏氏三位后人代为管理，20 世纪 50 年代书院房产被收为公有。

睦家寨明德书院（姜大为 摄）

书院历经沧桑，破损严重，但台阶保存相对完好，不少石刻还清晰可见，楹联题记随处可见。例如：

书院讲习堂北大门联：时雨亭前桃楼秀，春风座上桃李新；横批：树人。

书院讲习堂大门石柱正面联：立爱惟亲立敬惟长，以义治事以礼治心。

书院第二道门柱联：入其门亦趋亦步，精乃业斯咏斯陶；横批：君子所履。

书院西面石门柱联：听松风去早，启户月来迟；横批：西山爽气。

书院东面石门柱联：四围山有色，一曲水无声；横批：鸣朝阳。

黎明村明德书院门联残存（姜大为 摄）

据说，明德书院建成后，夏世清就在书院里精心培育后代子孙。夏氏一门也不负祖先所望，书院建立后，人才辈出，声名远扬。黎明村民间流传许多夏家子弟故事和在明德书院学习的故事，如《昌龄公智答考官》等被人津津乐道，代代相传：

夏家传言，夏氏家族有个老辈子叫昌龄公，生于大清道光十三年（1833年）癸巳十月初二酉时。昌龄公天资聪慧，有过目不忘之能，读起书来相当认真。他从六岁开始读书，《三字经》《百家姓》《幼学琼林》、大小《纲鉴》等私塾时代启蒙的书他很快就读完了。十二岁时，昌龄随兄长昌期（长昌龄七岁）和昌申（长昌龄十三岁）到施南府考老爷（秀才）。那年代有钱人去考老爷，路程遥远，只有坐轿子去。夏氏三乘大轿，十多人上路，好不热闹。恰巧主考官也在此看热闹，看到三乘大轿同时到达，心中不爽。只见从一轿内出来一小孩，五官端正，眉清目秀，身穿翠兰衫，头戴瓜皮帽，好奇地四处张望。主考官好奇并有意刁难，便上前问小孩道："你叫什么名字？是哪里人氏？来此做什么？"他答："我叫夏昌龄，利川建南人，来此考老爷！"主考官把他带到考试院，接着又问："你今年多大？"，答："十二岁。"主考官接着问："你读了几年书？"答："十二年。"主考官不解："你才十二岁，就读书十二年，难道你从娘肚子生下来就开始读书？"答："非也！我六岁开始读书，白天读一天,晚上读一天,所以读了十二年。""不错!不错!"主考官暗自佩服他的机智,想考考他,顺手从书案上拿出一张二指宽五寸长的纸给昌龄公,说道:"你能否在这张纸上写万个字?"。昌龄公眉头一皱笔下生花,在纸上写道:"一而十,十而百,百而千,千而万。"信手交给主考官。主考官连声说:"好!好!"还边说边鼓掌!主考官对昌龄产生了极大兴趣,决定再为难一下昌龄,又道:"我焚香一寸,你能围绕施南府城墙跑一圈吗?""请考官点香!"主考官暗地替他着急,城墙一圈有数里之长,一寸香的时间他怎能跑完。主考官用尺量香一寸,用红线套上。香点燃后,叫他快跑。哪知他不慌不忙地围绕主考官走了一圈。主考官惊讶道:"你这是什么意思?"答曰:"绕小城不如绕"大臣(城)"!主考官拍案而起:"妙哉!妙哉!真乃神童也!"对昌龄公道:"我给你一个秀才顶戴,回去后继续努力读书,下一科来考举人吧!"不幸的是,天妒英才,昌龄因体弱多病,早故,未能赴考,令人惋惜。

明德书院办学至1930年,每年生员约20人,四川(现重庆)忠县、云阳县等地均有学生来此求学。著名人物有:

夏日瑚,字轩臣,清道光五年(1825年)拔贡,以直隶州州判身分任职甘肃,不久就升任西宁府巴燕戎格理事通判。昌立义学,缉捕勤能。盗息民安。清道光十三年(1833年),任徽县知县。清道光十四年(1834年),授秦直隶州州判,岁饥荒,捐廉拯济。擢升知州,以亲老告归,享年八十五岁。其弟夏日鼎,字竹泉,江西候补县丞,升任南康府经历,南康守备很倚重他。夏日瑚的儿子夏昌言,任刑部浙江清吏司主事。夏日鼎的儿子夏昌平,清光绪五年(1879年)举孝廉方正,四川候补县丞,升任按察司司狱。夏昌言的儿子夏绳武和夏昌平的儿子夏云平,皆为秀才。

清末民国时期的夏树人,名师锡,号德甫,字东成,为清末邑庠生,留学日本,1914年毕业于东京帝国大学(现东京大学),后在日本农场实习两年,与该场日本女工新井员子结婚,1916年实习期满偕妻回国。这一年夏天,夏树人在武汉与其妹夫马元恺相聚，他提出："我国地处温带，地大物博，以农立国，曾为世界先进。料将来必有人满之患，食不足，必相侵，势非重农不可"，于是矢志农业教育。先在北京担任农林部技师，后在北京农业专门学校任教。1920 年在开封任河南公立农业专门学校主教，成绩斐然，获六等嘉禾章。1923 年，应聘赴南昌，在江西省立农业专科学校任教。1926 年任湖北省农事试验场场长，后去福建厦门任教。1929 年应聘到东北沈阳任教。九一八事变前夕，他离开东北，到南京任教。1935 年夏，任北平大学农学院教授，兼系主任。抗日战争爆发后，夏去陕西任教，直至 1944 年病逝。

睦家寨有两处摩崖题刻和一处摩崖造像，摩崖造像规模巨大，气势恢弘。"睦家寨"题刻镌刻于南寨门外的崖壁上，笔力遒劲，楷书阴刻，约 1 平方米大小。北寨门外崖壁上题刻有"明德书院地"和"福"字，分布在长约 15 米、高约 5

睦家寨摩崖题刻（姜大为 摄）

米的崖壁上，十分壮观。"福"字位置居左，高约 80 厘米，宽约 60 厘米，字深约 5 厘米；左上方楷书阴刻"咸丰八年"，右下方楷书阴刻"夏昌献 书"，字大约半尺见方。"明德书院地"字居右，落款为"夏昌颐 书"。

摩崖造像位于寨东门外的崖壁上，共有三窟。由南向北第一窟为夏世清（竹泉山人）像，高 1.25 米，宽 0.9 米，竹泉公头戴官帽，身罩披风，手拣佛珠，端坐于石台之上；造像右侧雕一仙鹤，左侧雕一丹炉，窟周刻祥云，右侧内壁楷体明刻"此心无所见，石上且留身；待若百年后，尚知是古人。竹泉山人自题"，字迹清晰，保存完好。第二窟为"吊头是佛"像，靠当年吊桥，窟高 0.87 米，宽 0.61 米，佛像头部损毁，双腿盘曲，端坐莲台之上，两手掌心向上叠于胸前，身后刻有佛光。第三窟为"一夫当关"像，正对第一道卡门，窟高 0.75 米，宽 0.55 米，造像身着甲胄，手持长枪，足登粉底皂靴，背插护心旗，可惜头部损坏。

睦家寨摩崖造像（姜大为 摄）

正义堂夏氏宗祠坐东向西，依山就势，其建筑群呈阶梯式。上院正殿金碧辉煌，有夏氏历代昭穆神位，有焚香帛的铜香炉、晨鼓、暮钟。正殿前是大拜厅，乃叩拜席位。上院内匾额、楹联众多，雍雍穆穆，令人肃然起敬。

夏氏祠堂是于清乾隆四十七年（1782 年），由当时迁徙至此的定万公及其子辈长春公选址，清同治三年（1864 年）经夏世清（号竹泉山人）组织监督动工，清同治五年（1866年）正式完工，已有一百五十多年的历史。

夏氏祠堂历经沧桑，破损严重，只留下残垣断壁，后由黎明村夏氏后人共同集资，在祠堂旧址重建。在夏氏宗祠的下院，还保存有一座明清时门楼。据村民介绍，这座门楼为原宗祠正大门，楼上为戏台，楼下为拱形石门。祠堂内有花鸟虫鱼、人物山水等图案，绘画精美，栩栩如生。

夏氏宗祠始建原图　　2014年修缮之后的宗祠全貌（姜大为 摄）

夏氏宗祠老物件遗存（姜大为 摄）

祠堂内现存有数块匾额，匾文分别是：夏氏宗祠、楚北旧家、祖德流芳、芙蓉瑞映、入门思敬、江右世族、五世同堂、一乐同庆。

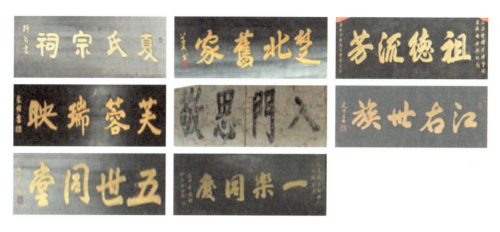

夏氏宗祠牌匾（姜大为 摄）

祠堂还有三处残存的清代石刻，如下：

残存石刻1：同治三年，柏杨渡米价一百二，四年九十，两载丰熟。去九月至三月十三日夜，始大雨，日食谷一石余。

残存石刻2：前后工人众，即现在者名列于左：石工：张地荣 周三万 谭老七 江中远 王昭为 木工：郭星荣 谭孝尚 陈二喜 郭同喜 瓦工：陈宗兴 李才旺 李才高 杂工：张大富 造瓦：常万林 画工：李锦福 三月廿四日

残存石刻3：石拱门顶部书：同治四年己丑二月二十二日立。

五、孝义茆耳

茆耳沟位于建南镇黎明村七组，是张氏家族世居之地。茆耳沟现保存完好的古墓古碑共十余处，其中有两座古墓已被利川市文物保护单位挂牌保护。张氏先祖承爵公同兄弟承裔公于清乾隆二十七年（1762年）来到茆耳沟安家置业，

至今已两百多年。期间，人才辈出。立碑修墓，成为后人缅怀祖辈、表达敬仰的一种方式。

张承爵墓碑（位于黎明村茆耳沟）　　张玉秀墓碑（位于黎明村茆耳沟）
（来源：《茆耳沟张氏族谱》）　　　　（来源：《茆耳沟张氏族谱》）

第一代来茆耳沟置业的张承爵墓碑上方横刻着张氏祖序："一世祖恢，绍兴间任四川夔州兵马府武功大夫，葬张恢墓，距彭水 37 公里（在彭水至黔江路之北）彭水大浩坝（彭水郁山镇凤鸣桂花村凤凰山），系陕西生。二世祖焕，思州宣抚司职。三世祖坤元，授龙泉坪官司职，至正十九年敕授镇国。四世祖应隆，上将军都元帅，御葬梁家坝，巽山乾向，事载谱。五世祖乾德。六世祖源。七世祖玉，袭长官司职。八世祖羽。九世祖辇。十世祖钦辰，贵州举人任广西梧州府事。十一世祖治安，杨氏。十二世祖一正，陈氏。十三世祖试，杨氏。十四世祖鼎亨，安化土县丞，徐氏。十五世祖天湖，葬思南府，属思南府附郭。清光绪八年安化县城址移至大堡，民国二年安化县改为德江县。德江县蒋溪对岸邓家磊，向思南，同祖妣赵氏。"

碑文右边刻着："原籍陕西咸宁县椒子村，自宋南渡，恢祖由武功大夫，任四川夔州兵马府,奉命征贵州。至高祖父鼎亨,高祖母徐氏有家谱。曾祖父天湖,曾祖母赵氏。吾祖雍正十一年癸丑十二月初五寅时本贵州思南安化县蛮一司邓家磊土地祠生,乾隆二十七同祖母易君来湖北建南三保,置业创建。卒于乾隆四十七年壬寅冬月二十二日辰时,卜葬于此。八十有五年。幸孙元家占履泰崇祭所,重立碑石,明追远也。"

碑文左边刻着:"丙山壬向,胞兄承胤李氏,胞弟承裔罗氏。男:玉秀杨氏。孙:世科叶氏,世秾夏王氏,世稜徐氏,世和李氏,世程官氏。曾孙:肇修,肇基,肇轩,肇元,肇典,肇兴,肇德,肇犹,肇贤,肇敏,肇烈,肇文,肇谟。元孙:翔飞,翔墀,翔镛,翔岱,翔岳。清道光二十七年丁未岁秋七月吉日孙等重镌修建记。"碑文正中刻有一行大字:显考张公讳承爵字辉先墓。碑两柱对云:文谟武烈播黔土,祖德宗功起关中。

黎明村还保存张氏第二代人,即张承爵后人张玉秀的碑墓。墓碑的右边竖刻着:"吾父善守成也,品正行端,积学未遇,遂经营田舍,博工技艺。生五人,或课以入学乡试,督以孝弟,为田,多善政焉。惜生于乾隆乙未年,没于道光癸未春,临终且命以世事未了,书于乎?志何大?心态何诚也?其生平无忝(辱)可知也。特立碑以记其事云。"右边刻着父承爵,中间大字:例赠显考张公讳玉秀老大人墓,左边竖刻着:"母易氏,男世:科、秾、稜、和、程。大清道光十七年十月十五日立。"两边阴刻联:脉驻湖北继先声,派压黔南膺世胄。碑上面刻着张氏字派:"翔观翊泰运,盛德启文隆;良义臣忠显,昌宗辅佐宏。"

张氏先祖张承爵的孙媳徐君墓,此墓碑已被利川市文物保护单位挂牌保护,成为利川市不可移动文物。碑右边刻着:"盖闻人生则有居,没则有墓。夫墓志之设,由来已久,所以表其世系,详其功德者也。念我母丁卯年六月三十日子时,系徐公讳宗华之三女,德配吾父讳世稜。父昆仲五,行列三,秉性诗书,勤于耕种。而母相父有道,宜其家人,与伯父,叔父同住三十余载,人丁繁(多)而爨分。自后内外家政,多赖母操持。生育兄弟姊妹七人,诵读婚配,母之劳心实甚。长女适王;二男德配梁;三男犹配刘;四男敏配黄,生孙二女适刘亦夭;五男贤配蒋;六男端配向,生孙一而卒,续娶亦向。其男女或殇亡,乃天数所定，非人力所为。福田培心地至今，寿七十有六，男等四，孙十八。现承欢膝下，虽未及显亲扬名，亦谓桂秀兰芳是诚。为惠所致者，乃卜吉地于斯，建监寿藏，永垂千古，以为不朽序云。"碑中大字云：显妣张母徐君老孺人之墓。碑左边刻着："午山子向。孝男：肇德梁氏，肇犹刘氏，肇贤蒋氏，肇端向氏。婿：王义堂女大妹，刘文桂女付氏。孙：翔喜朱氏，翔铭朱氏，翔高王氏，翔禄刘氏，翔镛石氏，翔瑞谌氏，翔福向氏，翔岱谭氏，翔鳌，翔冈，翔岐，翔兴，翔发，翔岳，翔翅，翔翩。大清光绪八年岁次壬午仲冬月穀旦。"碑柱对云：月照寿城昭万古，星临福地阴千秋。碑上面刻有张氏字派："翔观翊泰运，盛德启文隆，良义臣忠显，昌宗辅佐宏。"碑左边柱内侧写有"堂弟：世安，世伦；堂侄：肇治，肇源；侄曾孙：观民，观成。"

茆耳沟的第三代后人张世和的墓地，建于清同治九年（1870年），位于建南镇黎明村七组，此墓碑已被利川市文物保护单位挂牌保护。该墓地坐东南朝西北，占地20平方米，石砌坟茔，坟前墓碑四柱三厢三层，高4米，宽28米，第一层嵌墓志碑3通，柱刻楹联。第二层中间嵌阴刻楷书"奄穸"匾额，柱上浮雕人物图案。中间大碑右边刻有："我家曾祖承爵公，原籍贵州安化县地名邓家磊生长，同曾祖母易君来湖北建南茆耳沟置业。"；中间刻有："显考妣张公母讳李世和大孺人之墓。"；左边刻有："男肇先字体原，媳夏氏大清同治九年庚午岁三月二日穀旦"。中间大碑两边柱的阴刻联："世泽长流培杞梓，清风不坠寄山邱。"两边小碑其右竖刻着"弟世程。兄世科、秾、稜。堂兄世富。堂弟世安、纲、常。胞侄肇修，媳谌氏；基，媳：三氏，兴，媳：孙氏，德，媳：梁氏；犹，媳：刘氏；敏，媳：黄氏；贤，媳：蒋氏；端，媳：向氏，文，媳：陶氏；勋，媳：刘氏；海。"小碑其左竖刻着："大侄李德谱，子婿李国兴、邱名科、柳大清。生员：夏昌厚、王武成。侄婿：向光谟，黎世春，李世桢，王先科，梁文学，王义堂，罗元河，邓承禄。"两边柱上的阴刻联："地脉厚联王父母，先灵长阴小儿孙。"

茆耳沟还有第三代子孙张世和的夫人李氏墓碑，墓碑右边竖刻着："老太安人生于嘉庆己巳，生一子肇烈，效颜回而辞世，育五女，婿皆于乘龙。迄今寿满九八之春，岂不享九九之余。同治庚午春三月十二日，与世和公并立双墓同穴，不忆辛未年伉俪失偶。太安人于光绪五年己卯冬，厥德修砌更异，卜地于斯。生平阅历，恩德莫数，淑慎温良，持家勤苦，先建寿城；永垂不朽云耳。"中间大字云：清故待诰淑慎温良张母李君老孺人之墓。左边竖刻着："孙：翔超，媳：曹氏，大清光绪五年岁在己卯小阳月二十四日榖旦立。"两边柱上阴刻联为："翠叠千山舒凤翼，秀横一水漾龙鳞。"

张世和墓（位于黎明村茆耳沟）　　张世和夫人李君墓（位于黎明村茆耳沟）
　　（姜大为　摄）　　　　　　　　　　（姜大为　摄）

茆耳沟第四代张氏子孙张肇烈的墓地，墓碑右边刻有："英姿隽秀品非常，定是文坛夺锦光。岂意玉楼召太早，三六尘世别苍茫。案头留下书犹在，童子试中榜上香。椿萱并茂何堪忍，使人目睹泪沾裳。"中间所刻为："显考张公讳肇烈大人之墓。"左边刻有："嗣男：张翔超。媳：曹氏。大清同治十一年壬申岁十月二十四日榖旦立。"两边柱上的阴联刻："云蒸霞蔚笼吉穴，山环水带绕佳城。"

茆耳沟第四代子孙张肇烈墓　　　　　　张承裔夫人罗氏墓
（位于黎明村茆耳沟）（姜大为 摄）　（位于黎明村茆耳沟）（姜大为 摄）

  初来茆耳沟的张氏张承爵的胞弟张承裔夫人罗氏的墓地墓碑右边刻有："吾母生于乾隆己卯年，生四子，迄今七十有九。恩德难报，特预修佳城，永垂不朽云耳。男玉：泰，琏，栋，珩；媳：杨，黎，姜。孙世：纲，常，伦，纪。"中间大字："故显妣考张母罗老孺人之墓。"左边刻有："叔祖母，淑德莫数，德性温良，持家勤苦。先建寿城，受天之祐。侄孙世：富，科，秾，稜，和，程；侄孙世科撰大清道光十七年冬月下浣　立。"两边柱上的阴联刻："翠柏苍松邀月映，阶蘭院桂拂天香。"

  其余墓地及墓碑虽然保存完好，但碑文早已模糊不清，加之没有相关记载，因此，它们所承载的历史记忆已难以追溯了。

六、人生礼俗

黎明村注重人生礼仪，村民们的婚丧嫁娶、生老病死中都保留着当地独特的风俗习惯。

在当地若有小孩子出生，三天之后，新生儿父亲便会去岳父岳母家报喜。如果新生儿是男孩，孩子父亲提一只公鸡去，如果新生儿是女孩，孩子父亲就要提一只母鸡去报喜。"打三朝"的那一天，外婆就会前去新生儿家里庆贺，并将备好的衣帽鞋袜、米酒和红鸡蛋等礼物抬到女婿家。按照当地的习俗，新生儿的第一件衣服必须是由外婆来穿，因此，外婆第一件事情就是将送过来的衣帽鞋袜穿到小孩儿身上。在此之前，小孩只能用棉被或布料裹着，不能穿衣服。外婆过来做客至少要满三天时间，然后才能回家，女婿家里有条件的必须杀鸡款待。

黎明村的婚俗也颇具特色。一是"看人户"。女方要去男方家"看人户"，一般是女方的婶娘、舅娘、姨娘等女性陪同，"看人户"之后，女方家庭再商量是否同意这门婚事，如果同意，那么男方就要给女方送一些衣物、布料等，至此男女双方便可以正式交往了。

二是"定期"。双方商定好结婚的良辰吉日之后，男方便要拟好期单，送到女方家，期单用红纸做的外壳包起来，在红纸外面写上"大名望某府相亲……台前"。

三是"送彩礼"。男方家的彩礼，以及结婚当天新娘的衣服、被套要在结婚前一天下午送到新娘家。女儿多少岁，就要准备多少床棉被。男方将被套、衣服以及其他彩礼准备好之后，便请"押礼先生"将彩礼送到女方家，同时将"过礼清单"一并交给女方。

四是"迎亲"。迎亲的那一天，一般是男方迎亲的队伍早上到女方家吃早饭。当地有"压红"的习俗，也就是在吃饭的时候，女方会给迎亲的人专门设桌，桌上压有红纸，新郎还要坐上席，女方这边陪客的也是男陪男，女陪女，陪客的人就是女方这边要送亲的人。吃完饭后，准备发亲的时候，男方的"押礼先生"就会请前来帮忙的人来领女方的嫁妆。嫁妆是有领取顺序的：一般先领衣柜，再领小柜子以及其他陪嫁物品。嫁妆领完之后，新郎新娘就要一起进堂屋，拜别父母长辈，新郎先退出来，新娘再退出来，再换上新鞋。鞭炮一响，迎亲的队伍抬着嫁妆走在前面，新郎新娘走在后面，送亲的队伍紧跟在新人后面。

五是"回门"。"回门"是婚礼后第二天，新郎新娘送走客人后，便要带上两只猪脚回到女方家里，看望女方父母。若是两家距离不远，"回门"尽量是"当天去，当天回"。"回门"之后，新郎新娘才能入洞房。

走近

龙泉村

——清泉润万物 悬崖铭舍生

龙泉村位于利川市建南镇西南边陲，地处鄂渝边境，东连柏杨寺，西、南靠三台寺，北与双龙村接界，海拔高度在 800～1500 米。清泉出深山，清澈甘甜，龙泉村因而得名。龙泉村自然风景优美，历史文化资源丰富：著名的王母山坐落于此，古宅古物遍布村落，神话传说不绝于耳，民间技艺精彩绝伦，是体现武陵山区文化与历史的代表村落。

龙泉村概貌

（来源：搜狐网，2017.12.22 https://www.sohu.com/a/212273796_100011088）

一、龙泉村概貌

龙泉村四面环山，东山偏寨村，南山王母城，西山狮子岩，北山插旗山，中间平旷，地理位置优越。龙泉的山，巍峨险峻，如父亲坚实的臂膀，守护着这一方安宁与祥和；龙泉的水，清洌甘甜，赋予这一片土地生机与灵气。村里有两眼清泉，一处位于偏寨子山脚下的溶洞里，清泉从山洞里奔涌而出，四季长流，人们称之为"龙洞水"；另一处便是南边王母山脚下的"凉水井"，井中的水汨汨涌动，冬暖夏凉；除了这两处清泉，村里还有大大小小数以百计的小泉从山中涌出，汇聚于此，滋养着龙泉村世世代代的村民百姓。

据村里老人回忆，土司时期，龙泉村还是一片荒山野岭，人烟稀少。有三四户人家从四川逃荒来到这里，并在此安家，过着与世无争的生活。村民们不断开荒种地，勤劳耕作，繁衍生息。改土归流之后，龙泉村已粗具规模，有了更多生活气息。

随着村里的人口越来越多，村民们便不断开拓地域，扩大村庄面积。有一天，一位村民凭借着树藤爬上了东面山顶，发现山顶开阔，四边是悬崖绝壁，宛若世外桃源。于是，村民们又在这一块宝地上拓荒种地，扩建村寨，得名"偏寨子村"。"偏寨子村"后来还成了村民的庇护所，一有危急情况，偏寨子村的值守人员就会发出信号，山下村民就会立刻撤到偏寨子村躲避。民国时期，军队到处抓兵拉夫，龙泉村里的青年男子就跑到偏寨子村躲了起来。中华人民共和国成立后，龙泉村出现生机勃勃、蒸蒸日上的景象，村子里有了近30户人家。罗姓、林姓、刘姓、汪姓、代姓、徐姓、胡姓以及冉姓是村里的大姓，这些姓氏人家都是从湖广迁移过来的。到了1982年前后，行政区划调整，龙泉以前隶属于平镇乡，后因责任制下放，合乡并镇，将平镇乡、新梁乡都合并到乐福店乡，龙泉大队也就改为龙泉村。现在的龙泉村，共有5个村民小组，142户，478人。全村有耕地面积1300亩，人均耕地2.7亩，农作物主要有水稻、玉米、土豆、红薯，经济作物有山桐子、樱桃、辣椒、花生、何首乌等。（据龙泉村村委会2019年数据统计）

二、神奇的王母山

王母山海拔1566米，峰峦叠翠，巍然屹立，是龙泉村周围的最高山峰，也是湖北省西北边缘与重庆市石柱县接壤的界山。登临山顶，极目远望，连绵起伏的群山犹如海浪一般向远方延伸，令人心旷神怡。早晨，远山沉浸在连绵薄雾之中，轻盈飘逸，时隐时现，恍若仙境。傍晚，晚霞火红天际，徐徐落日将山岭大地洒满金色，美不胜收。

王母山峰顶平旷，四周悬崖峭壁，雄峰兀立，西北崖可沿石梯而上。王母山顶建有一座王母城，前来朝拜的香客络绎不绝。行走在林荫小道上，鸟语欢歌，婉转悠扬，花香袭人，沁人心脾。爬到半山腰，崖壁上出现一个方形神龛，就是"八仙人"。穿过三道山门，就到了清澈见底的洗手池，烧香拜佛的人们在池中洗净双手以示对王母的诚意。登上山顶，用石条镶嵌的大门顶上凿写着"王母城"三个金色大字，这三个大字在阳光的照耀下熠熠生辉。

洗手池山门（卢钰楼 摄）

走进王母城，呈"品"字形结构的寺庙映入眼帘，庙宇雕龙画凤，翘阁飞檐，精美别致，独具匠心。现有四个大殿：王母殿、大雄宝殿、药王殿、财神殿。殿中神像栩栩如生，惟妙惟肖。每逢六月十九日，重庆万州、石柱等地以及湖北境内的游客纷纷前来烧香拜佛，沿途香火不绝，鞭炮声不断。广东、浙江、四川等地的客人也会来此地，观览风光或在神像前许愿祈福。

关于王母城来历，在龙泉村流传着传说。有人说是王母下凡，游至武陵腹地，发现此地风景绝美，逗留数日，在山顶修建了一座小城。明朝初年，建南土司重修此地，命名王母城。时过境迁，王母城内的古建筑存留不多，原址上有些青石板和已做地板的石碑，还能让人依稀回想起当年的风貌。

王母山上除了有登山栈道、碑刻、石像、洞窟等古迹外，还有一处十分奇特的景观——"神水井"。神水井深有7米，天旱不干，下雨不溢，井水清凉。关于它的来历，有这样一个传说：相传，在王母城修建完工之际，山上的师傅便准备"请水"过来。师傅带了一个徒弟来到井边"请水"。师傅对徒弟说："我

王母城门和王母城一角（卢钰楼 摄）

在井中施法请水，要盖上一个井盖，不能让别人看见，否则就不灵了。你在外面听着，如果听到水'咕噜咕噜'的响声很大的时候，就表示水快满出来了，你就赶紧揭开盖子，水就会停止，不再涨了。"徒弟便在井外仔细聆听。师傅便开始在井中施法请水。过了不久，徒弟便在外面听到了水声。随着水声越来越大，徒弟也越来越紧张，心想：师傅在井里，如果水升满了，师傅就会被淹死。想到这，他便赶快揭开盖子。结果朝下面一望，

神水井（来源：搜狐网，2017.12.22
https://www.sohu.com/a/212273796_100011088）

舍身崖（卢钰楼 摄）

水才到井中一半的位置，师傅站在井中，连声抱怨徒弟不该过早揭开井盖。自此，这口水井便一直维持着半口井深的水。

另外，在王母城南面，有一面悬崖，叫做舍身崖。舍身崖下峥嵘险峻。舍身崖下还有一块巨石，叫作"一颗米"。相传，这块石头上有一个小洞，有米从洞中一粒一粒地滚出。每天冒出的米量，三五个人够吃，三五十人也够吃，不管多少人，每天从洞里冒出来的米都能够供应得上。后来，有人过于贪心，嫌从洞口冒出的米太少了，就想把洞凿大，多漏些米出来。谁知道他

一颗米（卢钰楼 摄）

这么一凿，大米也就不再往外冒了。没有了粮食，村民们又回到了从山下背米的日子。

有游客被王母城的美景所陶醉，写诗赞叹：

众山低矮此山高，

远近群山皆来朝。

风景独特赛瑶池，

四季仙雾随山绕。

（来源：张运禄.建南八景的传说之一：王母城.建南在线微信公众号，2018-04-23）

三、朴实的起居生活

龙泉村有一座保存完整的古宅,当地人称之为"新房子"。这栋古宅建于晚清,整个院落面积2亩,院子中间有一间堂屋,两侧是厢房。"新房子"构造奇巧,石墩、石柱和木窗雕刻精美,石器上有精美的雕花,木窗错落排列。房屋地脚四周用石柱镶嵌固定,防潮防震。整个屋基用青砖铺垫。青砖烧制费时、复杂:先是"和泥",让人在稀泥上使劲踩;然后,将和好的泥巴放入模子,凝固成块;再放入窑里用大火烧制,一般要烧数天,俗称"烧砖"。这样烧出来的青砖才结实耐用。

"新房子"的堂屋二楼有一个阳台,俗称"耍楼",金黄色的玉米经常会晾晒在两侧的栏杆上,为主人家增添了许多喜庆。村里老人回忆说,"新房子"修建时,举行了隆重的"上梁"仪式,祈愿根基牢固、房舍平安、香火旺盛,泽被万代子孙。房屋落成之日,房屋主人的亲朋好友过来祝贺道喜,拉红布、放鞭炮,"上梁"师傅一边唱"上梁歌",边扔抛"上梁粑",粑粑从房屋主梁的一侧扔过屋梁掉落到另一侧,另一侧的人们就争相去抢粑粑。大家其乐融融,喜庆热闹。

俗话说"人生有四大喜事:久旱逢甘霖,他乡遇故知,洞房花烛夜,金榜题名时"。龙泉村传统嫁娶的仪式较为复杂。首先是经人介绍,男女双方见面、交往。交往一段时间后,如果双方有意,就商议订婚的事宜,请人看双方"八字",确定婚期。在订婚时,男方为表诚意,要给女方送新衣服,春夏秋冬一整套备齐,订婚时要确定好衣服多少套、铺盖多少套、棉絮多少套,且一般是双数,同时也是戴花但是不披红,以示吉利。订婚时,双方亲人都要参加,共同见证这一喜庆的时刻。订婚仪式结束,女方亲戚准备回家时,男方还要送粑粑或者衣服给他们,表示谢意。结婚前夕,需要事先确定好伴郎伴娘,邀请双方的朋友或

"新房子"全景图(卢钰楼 摄)

石墩（卢钰楼 摄）

石基（卢钰楼 摄）

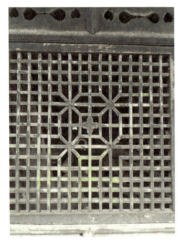
窗花（卢钰楼 摄）

石刻雕花（卢钰楼 摄）

亲人，一起陪同举办礼仪。举行婚礼时，新人向父母敬茶，感谢父母养育之恩。

传统结婚风俗中也有一些忌讳，如"姐姐送妹子，要穷一辈子"。结婚时，女方姐姐是不能送亲的，只有兄弟、嫂子和妹妹可以去送亲，父母也是不能去的，以免送别时，伤感落泪，破坏喜庆气氛。结婚前三天，新郎新娘也是不能见面的，按老一辈的说法，见面就是不吉利。但结婚前一天，男方要送聘礼来女方家，女方家要放鞭炮迎接，新娘要守在闺房回避。结婚当天，新娘出门，如果在路上恰好碰见另一家送亲队伍的话，两家的新郎新娘都会立即出面，相互递烟或是给个红包，表示吉利不冲撞。过桥过路时，新郎新娘也会停下来，给司仪或是陪亲的客人发红包，讨个喜字彩头。一路欢欢喜喜，让送亲队伍顺利到达男方家里。

为了把婚礼办得更为隆重与喜庆，大家还会唱山歌助兴。例如，铺床是当天婚礼准备中的第一个流程，有人就会一边整理新郎新娘的床铺，一边唱《铺床歌》：

铺床铺床，不说铺床有此可，说起铺床有根生。
昔日唐僧去取经，带回种子转回生，
阳明山上种一棵，西门山上种一棵，
太阳看见它在长，月亮看见它在生，
昔日风，昔日雨，昔日风雨长成林，
张郎过路不敢砍，李郎过路不敢推，
只有鲁班弟子神通大，扛起斧头进山林，
脚一踢，手一蹬，此木夹在四方凳，
三十二人扶上马，七十二人扶上凳，
你一拉，我一拉，二人拉得大汗洒，
你一推，我一推，锯木木面二面扑，
长的改起千千万，短的改起万万千，
宽的拿来做床庭，窄的拿来做环环，
三十里路榔槌响，四十里路斧头昂，
榔槌响，斧头昂，打起一座秀牙床。
床儿打得大又大，儿子人生坐天下，
床儿打得宽又宽，儿子人生坐高官，
床儿打得四角方，儿子人生坐中央，

床儿打的白又白，还有两块床把子，

床把子，六尺六，轩辕黄帝织衣服，

伏羲姊妹织人烟，神龙黄帝织五谷，

正月里，喜洋洋，

二月里，桃花开，

三月里，是清明，

四月里，百花香，

五月里，是端阳，

六月里，是荷花满池塘，

七月里，是秋风凉，

八月里，是谷花满天黄，

九月里，是谷子打来装满仓，

十月里，江里的谷草打成床。

婚礼当日，热热闹闹，一片喜庆祥和，欢快的山歌一首接着一首。除了《铺床歌》，大家还会唱《十绣歌》，为婚礼增添了许多吉祥和喜庆：

一绣龙来龙绣英，

二绣虎来虎龙船，

三绣桃来三结义，

四绣童来童绣英，

五绣五子登科，

六绣南海观世音，

七绣天上七姊妹，

八绣神仙吕洞宾，

九绣张郎配李郎，

十绣姻缘配凤凰，

恭喜你，贺喜你，保佑你后家送祝礼，

一贺你天长地久，二贺你地久天长，

三贺你三元吉利，四贺你四季安康，

五贺你五子登科，六贺你六子洋洋，

七贺你七星高照，八贺你八大金刚，

九贺你久久长流，十贺你儿孙满堂。

除了举行婚礼时要唱山歌外，村民们的生产生活中也离不开山歌。这些山歌凝聚着村民的智慧，或传达美好祝愿，或表达内心忧愁，或寄托相思愁绪，感情真挚而朴实。

龙泉村还保留着一些传统工艺，如制作各种木器。各式各样的木制生活用具，都出自能工巧匠之手。汪德远老人是村里有名的木工。他年轻时，一天能做3个木盆，现在上了年纪，一天也可以做1个木盆。汪德远老人说，木盆制作共有72道工序，每一道工序都要求十分精确细致。工序大致分为这几个步骤：首先是选料，一般选用较好的杉树木，进行初步加工，锯成大大小小、形状各异的用料板块；其次用刨子对各个板块进行打磨、抛光，并起槽推缝；接着，做好木盆的圆形底板，并环绕底脚拼板，用竹钉固定；然后，用竹皮或者铁皮箍口，并反复紧箍，使盆壁闭合更加牢固；最后，在盆底盆帮结合处塞紧麻丝油灰，放到太阳底下曝晒，再紧箍上桐油，使木盆更加结实严密。其中木盆的圆形底部制作，先是将木板化成方形，再量好直径画圆，将多余的木块削去，就可以制成合适的圆形木块做盆底。汪德远老人家中摆放的木器，宛如一件件精致的艺术品，凝聚着他的智慧与心血。除了木制品，村子有些居民家里还保存有精制的瓷坛，设计奇巧的"捕鼠器"等，这些古老的器具见证着龙泉的沧桑。

龙泉村人口不多，百年古墓相对较少，但其中有一座古墓，保存完善，令人赞叹。这座古墓修于清光绪三年（1877年）丁丑岁五月初八，距今约有143年历史，墓碑高约4米，宽约3.5米，长约4.5米，整座古墓占地面积约为15平方米，墓碑上方有碑名"懿德堂"，两侧的碑联写着"吉地千秋藏王，佳城万古佑贤"，下方碑文中写明古墓主人身份，为"故显妣秦母孙老贤人之墓"，碑文上还能看清孙母后人的姓名，"孝男：老大秦昌尨，妻孙氏；老二秦昌力，妻

制作工具

染色的木盆

捕鼠器

瓷坛

(卢钰楼 摄)

冉氏；老三秦昌馗，妻孙氏；老四秦昌旭，妻邓氏；孝孙婿：冉裕宗，孙曙高，潘德馨，冉振坤，黄邦奇"等。石碑上刻有精美的雕花，墓碑后面的方堆用石砖围砌而成，整座古墓位置较好，背倚山林，面朝远山，前方开阔明朗，是一个好场地。由于族谱资料缺失，加之年代久远，孙老夫人的身世无从考究。听当地人说，他们只知道孙母年轻时丈夫去世得早，为了抚育孩子，孙母独自一人挑起生活的重担，和儿女生活了一辈子。儿孙孝顺，在她去世之后便为她建造了这座墓碑。其为人处世之道，至今仍为村民们赞颂不已。

秦母孙氏之墓（卢钰楼 摄）

四、家族历史悠久

自古以来，龙泉村民风淳朴，人才辈出，每一姓氏既有着自己家族的渊源故事和族谱家训，也共同谱写着龙泉村的沧桑历史。

汪氏家族是利川建南镇的大姓。民国《汪氏族谱》（1948年版）记载了汪氏家族的发展历程："汪氏汪兴公，祖原系湖广麻城县，地名高家堰洗脚河。自宋末入蜀，始居涪州，继从于忠州，终则有汪兴，移居毛磊河，今并三正里一甲毛磊滥冲中坝河坝，居马毛磊，即今大河中毛磊石是也；滥冲即今椒园嶺下滥冲是也；中坝即今中兴菴处是也；河坝即今向武冲始祖下马祖居河坝是也。其大界，至上齐龙门溪和尚坝当中地崙坎，逞大园老至上插旗山，抵狐生洞为界；下齐向武溪，逞分水岭，直上坻大山坪为界。始祖讳兴，传三世，分为两房，四世分为五支，以后于万万世世者也。譬如水流万派，同出一源。族同出一源，族众丁繁，支分派别，支虽疏，与我共一远始祖也。"

汪氏家族辈分字派为：福寿德永昌，启明昭联芳，永继宗盛代，钟毓秀辉光，单考饮秀单，彦单海单世，之一二三单，朝正文伍治，洪德永齐先，万国登元首，良善锡英贤，荣华从真起，富贵钟如山，才能宣化育，仁义久长远。汪氏子孙秉承着派班家训，世代勤恳。

汪氏族谱（卢钰楼 摄）

黄姓家族也是龙泉村的大姓。唐宋至元明时期，居住中原的黄姓家族逐渐兴旺。其中最显赫的是梅州第一百一十九世先祖峭山公。他有三妻（官氏、吴氏、郑氏）二十一子，他在耄耋之年的时候，送子出征。他对儿子们说："池内之鱼，远逊云间之鹤，好男儿不必恋此一方故土，而应志在四方，放眼天下。"于是，三祖婆各自留下长子，养老送终，其余的十八个儿子各领了一本家谱，带着族人离开了家乡。其中,有二个儿子到了湖北孝感,后又几经辗转,经湖南进入四川,途中有些族人就在龙泉村停留了下来,安家落户,在这片土地上繁衍生息。

在龙泉村,据建南柑子榜《黄氏派班》记载,当地黄姓字派为:宜尧舜禹贤,承远大光前,显谟乾坤正,荣耀振家声,纯学英蕃锡,芳名自克全,绍成钊上吉,玉后考源渊,行孝忠武士,晓德永佳传,继先超福兴,万代文杰昌,勇开大明道,立志定刚需,鸿运金银盛,国富发贵帮,和平建江南,华宇竞辉祥。其字派表达了黄氏对家族延续的殷切期待以及家国一体的深切情感。

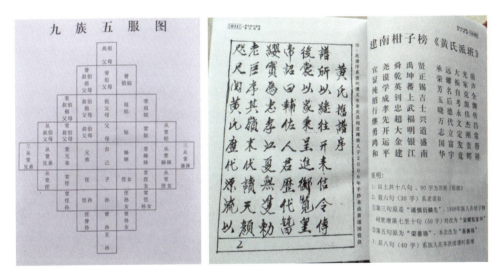

黄氏族谱(卢钰楼 摄)

龙泉村罗氏家族历史悠久,其宗族字派为"朝谊光前,家应继先。世德明远,韶宗万年"。自祖辈罗光华一家搬迁至此,距今大约有150年历史。罗光华一家从重庆万州忠县瑞池搬迁到龙泉村定居,膝下共3个儿子,后来分别成家立业,罗氏家族重视教育,历代人才辈出。

中华民族自古就有"修身、齐家、治国、平天下"的安世之道,家庭是国家发展、民族进步、社会和谐的重要基石。家风、家训作为传承中华文明的重要载体,以润物无声的方式影响着人们的言行。在罗氏族谱中,也有《罗氏家训》的记载:

追思祖德，宏念宗功，毋忘世泽，创造家风。
遵循孝道，睦族敦宗，济困扶危，意志一同。
团结合作，共存共荣。父慈子孝，言顺语从。
为尊爱幼，为幼敬尊，为兄则友，为弟则恭。
夫妻相敬，和乐相容，治家勤俭，常虑穷通。
处世待人，至诚为重，认清善恶，辨别奸忠。
须识持物，莫贪虚荣，良朋多结，恶友毋逢。
步步踏实，贯彻始终，遇雄不缩，励志前冲。
刻苦耐劳，自得成功，至於宗族，或荣或辱。
发展落后，全关教育，百年树人，十年树木。
所谓子孙，诗书宜读，听者共勉，愚者加督。
先求裔贤，后求金玉，莫因贫困，精神退缩。
迈向前途，创造幸福，思念水源，裔孙多诵。

随着时代变迁以及龙泉村经济与社会的发展，罗氏家族文化除旧布新，与时俱进，家风、家规、家训被赋予了新的时代意义，激励着罗氏族人崇德向善、奋发向上。

罗姓族人居住地（卢钰楼 摄）

走近

石板村

——坝漆冠全球　茗香飘万里

石板村地处利川市毛坝镇，与毛坝镇花板村、楠木村、田坝村相邻，因村中一块自然天成的大石板而得名。石板村是坝漆的主要产区，具有丰富的历史文化资源，2014年被住建部、文化部、财政部列入第三批中国传统村落名录。

石板村分布格局

(图片来源:利川市毛坝镇石板村保护与发展规划)

一、村落概貌

石板村下辖石板溪、猿猴架、茶园、牛栏场4个自然村。石板溪,因村前溪沟里的大石板得名;猿猴架,因早年在该村树上发现猿猴而得名;茶园,适合种植茶树;牛栏场,该地四围陡坡,绿草如茵,天然的放牛场。石板村三面环山,一面靠唐崖河,东边是星斗山,西边是麻山,南边是人头山,北面是马鬃岭山,距离毛清公路约6千米,038乡道穿村而过。该村属于叶板岩与石灰岩地带,地下水丰富,河流与暗河相通。石板村平均海拔600米左右,全年温度在0℃以上,最低气温3℃,最高气温32℃,气候潮湿,常年无雪。石板村地理位置得天独厚，生态环境优美，冬暖夏凉，适宜多种动植物生长。

石板村在清朝中期以前还是一片原始森林，人迹罕至，后因外来移民不断涌入，逐渐形成村落。石板村的主要姓氏是刘姓、王姓和周姓。村寨里木质结构房屋保存较好，古墓、古道、古桥等古迹遗址较多，民间信仰类型多样，传统民俗活动丰富多彩。

二、"坝漆""冷后浑"与"仙人山"

石板村所属的毛坝镇是远近闻名的"坝漆之乡"，由于石板村气候温和，雨水充沛，肥沃的青扁油砂土，极利于漆树生长，所产生漆质量也相当好，畅销国内外。早年，石板村漆树非常多，家家户户都有割漆人，但后来由于受到现代技术以及各种涂料、油漆的普及，手工割漆也逐渐淡出村民的生活，只有少数老年人还在坚守。如今，由于生漆价格回升，有些村民又开始大面积种植漆树。

漆树　　　　　　　　　　割漆

（由毛坝镇文体服务中心供图）

石板村森林覆盖率达 85% 以上，全年气候温暖湿润，雨量充沛，多云雾，土层深厚，特殊的地理环境与气候为茶叶的种植创造了得天独厚的条件，现在全村 95% 的田地均种上了茶树。茶树品种很多，如福鼎大白、中茶 108、鄂茶 10 号、鄂茶 1 号、龙井等，茶叶可采用不同加工方式制作成红茶或绿茶。毛坝是利川红茶的主产区，其中尤属"利川红"（当地人称"冷后浑"）为红茶中的极品。利川工夫红茶于 2017 年被国家质量监督检验检疫总局批准为国家地理标志保护产品，央视七台《乡土》和《乡村大世界》栏目都对"利川红"作了专题宣传。2018 年 4 月 28 日，国家主席习近平与印度总理莫迪在武汉非正式会晤期间品尝的便是毛坝的"利川红"，新华社客户端以"人间至味'冷后浑'"为题进行了报道。因此，"利川红"引起了社会各界的广泛关注。这种茶树的生长对于土壤和气候要求极高，一般生长于海拔 800 米以下的低山带，其产量较低。

茶园美景（姜爱 摄）

石板村一组有一处远近闻名的大石板景区，一条宽 50 多米的三湾河经过这里，河面由于地壳运动造就了一块天然大石板，面积有 2000 多平方米。多年来因河水冲刷，大石板表面平坦且光滑，清澈的河水从石缝或边沿向下流淌，形成了一个观景、戏水和游玩的绝佳之地。

大石板（姜爱 摄）

石板村的东南方有一座"仙人山"。传说山上以前有很多石头形似桌子，天上的神仙有时会下凡喝茶娱乐，因此称为"仙人山"。该山的一角自上而下有两排深色的石头，从对面高处看，它很像仙女流着的两行泪。民间传说是因为过去修路，不得已将此山截断，仙人伤心流泪而成。仙人山上有洞，称为"仙人洞"，据当地人介绍，过去村民为了躲避兵祸而躲在这个洞里，洞中现在还有石头堆砌的灶台。

仙人山（由石板村支书田秀禄供图）仙人洞（由石板村支书田秀禄供图）

三、永顺桥与百年老屋

永顺桥是毛坝保存最完好的伸臂桥，也是典型的风雨桥，被列为恩施重点保护文物。它由东北向西南横跨三湾河，连接石板和花板两个村，是古毛坝、团堡至施南等地的主要通道。该桥始建于清咸丰九年（1859年），由清代乡绅周正已、张启荣发起修建，至今已有160年的历史。桥为单孔复拱式凉桥，土家族斜山顶式，桥拱由48根圆木头组成，全木结构，长24米，宽2.9米，高40米，桥廊8列32柱，悬山瓦顶，高3.3米。整座桥不论是挑坊，还是斗榫，皆以杉木凿榫衔接，不用一钉一铆，将40多米宽的河岸相连，有廊有亭，既能通行，又可避风雨。桥头立有清咸丰九年（1859年）所刻"降之百祥"碑。华中科技大学张良皋教授在考察该桥后，欣然挥毫题写了"永顺桥"桥匾。《1980年代的爱情》影视剧组曾专程到此取景。

永顺桥（姜爱 摄）

石板村有多处全木质老屋，其中年代较长的四合院有四处，分别是刘家老屋、张家老屋、王家老屋和周家老屋，位于石板村八组猿猴架的刘家老屋年代最为久远，被确定为利川市不可移动文物保护点，入选第一批利川市历史建筑名单。刘家老屋有两座，第一栋木房大概建于乾隆年间，第一代主人应是刘大贤，木房现在已经没有人居住，屋前长满了杂草。第二栋木房修建于清道光十五年（1835年）前后。关于第二栋房屋的修建，当地还流传着一个故事。传说刘家当年是村中大户人家，有一年，家中有儿子要娶亲，女方那边条件很好，结婚前来刘家"看人家"，对刘家的住房不太满意，说："你们家的屋子和我们家的柴屋差不多。"刘家听后，十分羞愧，脸面大失，便花费大量人力和物力开始兴建新的院落，所用材质均为好木，窗雕也较老院更加的精致讲究，这也是刘家老屋至今能够保存完整的重要原因之一。刘家人未曾想到当时为了娶亲修建的四合院，历经百年沧桑，不仅仍为后人遮风避雨，憩息安身，还承载了村落的历史记忆，被列为重点文物保护对象。

这栋道光年间的老屋坐北朝南，依山而建，左右设厢房，占地面积1256.6平方米。共三厢两院，全木结构，穿斗式构架，木刻窗花多种多样。东院正屋面阔四列三间，宽15.9米，进深6.5米，脊高6.4米，厢房面阔两间，宽6.9米，进深5.36米。西院正屋面阔五间，宽21米，进深6米，脊高4.9米，西厢吊脚楼面阔11.2米，进深4.8米。工艺雕刻精致，木刻窗花多种多样。建筑整体保存较好，艺术价值较高。正屋门头上挂着一块牌匾，据说是当时为刘家老人祝寿时，他的女婿赠送的一块牌匾，距今也有上百年历史。

刘家老屋（姜爱 摄）

刘家老屋里保存着很多传统农具，这些农具折射出先人在生产和生活中的聪明智慧。虽然随着科技的发展，传统农具都已慢慢淡出了人们的生活，但仍具有一定的历史文化价值。过去，本地村民家家户户都建有火铺，一年四季不断火，冬天取暖，夏天除湿，火铺烟气还可以熏烤腊肉。这里既是厨房，又是餐厅，也是一个接待宾客的会客室。外观形似北方的火炕，但是差别很大，到了冬天，一家人都围坐在火铺上非常热闹。火铺中间有方形孔，可以烧柴禾，放三角架，三角架上放鼎罐、炒锅，可以做饭和炒菜。火铺的座位也是很讲究的，左边一般是男主人的位置,他们需要不断添加柴禾;右边是女主人下厨和添加饭菜的地方;客人一般坐在火铺的中间位置。把盆是过去村民送饭菜用的,农忙时节他们会用它盛放饭菜等熟食,中午给在地里劳作的人送去。扁缸可以用来盛放大米等粮食。虾耙是村民捉虾捕鱼的工具,它是用竹篾编织而成,上端大下端小。由于村庄环山傍水,村民们在夏天很喜爱下河捕鱼捉虾。漆桶是割漆后盛放生漆的桶,有的居民也用它盛放米酒等液体。招蜂篓是用来招引蜜蜂的,由于村落里生态好,养蜂人也很多,蜂蜜主要以自食为主。

| 火铺 | 把盆 | 扁缸 |
| 虾耙 | 漆桶 | 招蜂篓 |

传统生产生活用具(姜爱 摄)

另外一处有百年历史的院落是张家大院。这座大院原是刘光灿的后人刘长庚所建，土地革命后，将其分给张家人居住，因此后来被称为"张家大院"，现在整个大院中居住的人家既有张家人也有刘家人。除了刘家大院和张家大院外，村中还有王家大院、周家大院等多处具有土家吊脚楼风格的民居，坡屋顶，小青瓦，屋面垛脊，房角及屋檐因有采楼面增设檐口，无山墙，朴实无华，布局合理。在青山绿水中，一座座木房让人仿佛置身于世外桃源，远离了外界的繁华和喧嚣。

张家大院（姜爱 摄）

王家大院（姜爱 摄）

四、家族与人物

毛坝镇原系施南土司辖地，施南土司是鄂西设立最早，也是势力最强的土司之一。据清光绪年间的《利川县志》记载："施南土司旧治青岩，徙治夹壁、龙孔，并在县境。"青岩、夹壁、龙孔均在毛坝境内，由此说明施南土司过去在毛坝生活的时间较长，不然不会在此设立三座土司城。施南土司于明改为宣抚司，明永乐二年（1404 年）改置长官司，后复为宣抚司。清雍正十三年（1735 年）改土归流后为利川县市郭里南七保。民国时为第四区，后为毛坝联保办公处、乡公所。中华人民共和国成立初属团堡区。1958 年改名为毛坝公社。1984 年建立毛坝区。土地革命战争时期，贺龙元帅率红军三进毛坝，曾到石板村修整。据村民介绍，石板村有些山洞里还有贺龙部队当年制造炸药的痕迹。刘姓家族过去是大家族，在村里有两支。一支是以刘大贤为祖，一支是以刘光灿为祖。

刘大贤祖籍贵州江口县，曾祖父刘宏道曾在恩施谋生，后族人到石板村落户定居，其家族字辈为："宏国登大有，开学兴世承，传文启万代，伟业绍长春。"刘大贤生于清乾隆三十一年（1766年），亡于清咸丰八年（1858年），享年九十四岁。妻子曾氏是利川市南七保安家领人氏，他们共育三子：刘有宗、刘有常、刘有为，石板村猿猴架居住的刘氏多是刘有宗和刘有常的后代。刘大贤墓碑位于石板村猿猴架小湾大碑坟，距刘家大院800米左右的一座小山上，于道光年间所立，碑文记载："尚闻天下达尊三爵，一齿一德一然，以三者而分责之人所於（于）易有孝，以三者而合期之世所难求，乃不易。今日而於（于）翁有所遇也，吾观翁之生也得上人之举荐，受朝廷之旌表，虽名不等公郎，而职已列八品。冠赏楚楚，相貌堂堂，则翁之有爵也，明矣况翁之历甲，犹多经三皇之歲（岁）月，间年不少享八旬之春秋，鹤发苍苍，童颜灼灼，間（间）里仰为寿星，郷（乡）党称曰耆老……则翁於（于）达尊之数不诚彬彬而俱備（备）矣，乎予也久慕高风闻翁有素兹当寿藏是封因以援筆（笔）略。"从碑文记载来看，刘大贤以前是一名秀才，为朝廷的八品官，在当地享有一定的威望。由于其人长寿，因此村民尊称他为"寿星"。

另外一支刘氏光灿公祖籍湖南省武陵县，家族字辈是"允光于文德，期尔长世泽，良贤方珍贵，修平以为则"。刘光灿随其亲生子刘于珍，始迁湖南桑植县，继迁湖北宣恩县中坪，最后在毛坝新华管理区咸池坝寿终，享年85岁。在刘光灿的后人中，我们不得不提到一个人，他就是现在称为张家大院的建造者——刘长庚。刘长庚,学名清渠,字西明,为刘家七世祖长字辈,清光绪十一年(1885年)正月初二生于石板溪。据《刘氏宗谱》记载，1908年，刘长庚在湖北省施南府师范学校读书，因成绩优等享受官费待遇直至毕业。民国初年，他参加地方行政事务工作，曾担任毛坝乡团总、区长等职。他从事教育工作多年，治学严谨，教学认真，邻县如咸丰等也有学生不辞远道前来求教就学。他古典文学造诣较深，平时为邻里红白喜事撰写对联条幅之类及与友人往来唱和诗文等较多，集成卷轴。1933年完成的《恸念词》及后来为刘氏联宗会所作《新订字派》是其部分代表作品。

刘长庚有四个儿子：刘世袭、刘世楷、刘世尧、刘世鉴。他的四个儿子也都成绩斐然。长子刘世袭从事工商业，大胆创新，1942～1945年曾办家庭纸厂、卷烟厂，后参加地方政府工作。次子刘世楷曾就读于湖北省立联合中学利川分校，后毕业于湖北省干部训练团，在秭归县搞土地呈报工作任股长，1942年任毛坝乡乡长，后参军，起义后任解放军连级参谋等职，1950年复员回家。三子刘世尧1942年毕业于湖北省干部训练团后，在秭归县搞土地呈报工作，后曾任利川县参议会参议员。四子刘世鉴曾就读于国立湖北师范学院，先后在来凤一中、恩施高中任教，1984年4月9日，曾受到中央领导的接见并合影留念，1987年其被评聘为中学高级教师，1988年，其被录入利川市地方志编委会编纂的《利川人物》一书中。

刘大贤墓碑（姜爱 摄）　　刘氏宗谱（姜爱 摄）

石板村王氏祖籍湖南省沅陵县。村落二组山上有王问廷夫妇的合葬墓，距今已有170多年的历史。据碑文记载："父亲生于乾隆二十二年，生于湖南辰州府沅陵县雄壁岩，逝于嘉庆十七年。母生于乾隆二十九年，逝于道光十年。"该墓建于清道光二十五年（1845年），坐北向南，占地50平方米。土堆坟墩周砌条石，青石雕墓碑四柱三厢三层，高5米，宽3.9米，上层施斗拱。额枋浮雕"双凤朝阳""刘海戏蟾"及"渔、樵、耕、读"等图案，是毛坝乡规模较大、保存较好的墓碑之一,对研究当地丧葬习俗及石刻艺术具有重要参考意义。周氏家族来自贵州思南,老字辈派序为:维有正应仕以际。清光绪十三年(1887年)新加字派为:"祖宗文武以上,才德师保之长,孝友施于家政,明昭世序多方。"族谱记载十一世祖周际辉于清乾隆十八年(1753年)迁至湖北施南府咸丰、利川、恩施三邑落业。周氏家族有相对完善的族谱,共同制定了"敬祖宗,孝父母,夫妻和,兄弟亲,重教育,亲宗族,睦相邻,倡礼仪,守法律,爱祖国"的族规家训,以弘扬先辈的传统美德。

周氏族谱(姜爱 摄)　　　　　王问廷夫妇合葬墓(姜爱 摄)

追根溯源,石板村主要是早期移民迁入后聚居而形成的村落。从几大家族的迁徙迹象来看,他们的先祖大都来自湖南和贵州。其迁徙原因或是为了避免祸事、战乱,或是为了生计,迁徙至此,落叶生根,繁衍百年。

五、民间信仰与习俗

在中华人民共和国成立以前,身处大山之中的村民"靠山吃山",因此对大山有一种敬畏之情。他们认为每一座山都有山神,开山、伐木前都会举行敬山神的仪式,即在山前点燃三根香、两根蜡烛,供奉一方块约一斤的热熟肉(五花肉)、一碗米饭、白酒。打猎的人家里供奉猎神,打猎前要敬猎神,以征得猎神的允许，打到猎物后也要敬神，表示感谢。在神话中，灶神是公正无私的形象，每年腊月二十三灶神都会上天报告人间境况，因此村民在这一天会祭祀灶神，祈求"司命上天，有话直端，好话多说，闲话少言"，保佑自家不会受到上天的惩罚。敬灶神一般是女子敬，男子不能敬。土地是人们的衣食之源，因此村民对土地神的敬奉也特别虔诚，祈求土地神保佑五谷丰收、六畜兴旺。他们认为二月初二是土地公公的生日，这一天每家都要去土地庙，在土地菩萨面前摆上酒菜，点烛燃香，为他庆生。过去村里

神龛（姜爱 摄）

有专门的土地庙，被毁后，有的村民将土地神放在堂屋神龛和家先神一起供奉，如图神龛中，上面供奉的是家先神，下面供奉的是土地神。

供奉家先神是敬重祖辈的重要表现形式。石板村几乎每家的正堂屋后壁上都还设有家先神龛，供奉祖先牌位，逢年过节或家中有重大事情时人们都会上香磕头。神龛的"天地君亲师"牌位讲究："人不顶天，土不离地，君不开口，亲不闭目，师不带刀……"当地村民祭祖一年至少三次，除夕、清明和月半节。除夕吃团年饭时要先请祖先吃，晚上要"送亮"，人们要扫墓祭奠祖先，点燃三根香、两根蜡烛，同时供奉白酒、水果和副食，进行祭奠。祭奠结束后，这些物品仍放原处，不能带回家。清明时祭祖称为"挂青"，清明节前半个月要先"谢坟"，会先找人看好日子，然后再上坟祭奠。阴历七月十二日的"月半节"即村民们通常说的"鬼节"。当天人们要祭奠已故先人。以前村民们烧的纸都是本地自制的"火纸"，用当地楠竹制作，整个工艺流程复杂，前后有几十道工序，在当地俗称为"舀火纸"。由于造纸过程需要耗费大量的水，通常人们会把造纸作

坊建在水源地旁边。据说此种材料和工序所造火纸在燃烧的过程中会散发出一种香味。石板村过去很多人家都会这种技艺，所产火纸大量外销。后来由于这种传统手工造纸的工艺费时费力，产量很低，加之当前全国提倡文明祭祀，本身市场需求量较低的"火纸"更是逐渐消失，因此，如今只能看到"舀火纸"作坊残存的遗迹。

石板村对先祖的敬重还表现在葬礼仪式上，葬礼一般要持续5～7天，仪式程序复杂。家人做道场时留下的文书，他们会专门汇编成册，当地俗称此册为"易知薄"，类似于"大事记"，主要内容包括：被祭奠人的生平、筹办人、孝子贤孙介绍等。

 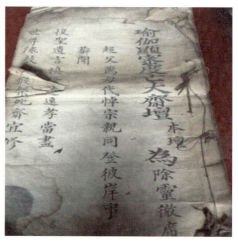

残存的"舀火纸"作坊（姜爱 摄）　　　　　易知薄（姜爱 摄）

"人死众人哀，不请自然来"，石板村老人过世后丧家会即刻鸣三声炮，村民得知消息后都会派人到丧家去帮忙，热热闹闹送亡人。改土归流以后，清江流域的丧葬仪式多由道士主持，实行土葬，一般的道场由下柳床、开路、荐亡、交牲、上熟、散花辞解、解灯、打绕棺、辞灵、扫堂等程序组成。如今，石板村的丧葬习俗相比以前发生了较大变化，但"打绕棺"仪式一直延续至今，在葬礼仪式中，几个道士围绕棺木又唱又跳，还要打锣鼓。"绕棺"是祭祀活动的高潮，场面隆重而热烈。绕棺时，灵堂红烛高照，香炉香烟缭绕，棺木右脚点一盏"长明灯"。由于灵堂受场地限制，绕棺活动一般由5或7人成奇数跳唱。他们跳唱都要围绕棺木，不能离开灵堂，所以称为"绕棺"。跳者动作多以膝部松弛、下沉、出胯、多颤等动作为主，舞姿所体现的内容极其丰富，石板村村民王吉书学艺"绕棺舞"已有二十多年了，据他介绍：村中大部分丧事都会请做法事，"坐堂绕棺"是必经的程序，如果去世老人的出嫁女儿再请"绕棺"，被称为"客绕棺"。毛坝有些村落还将"打绕棺"的舞蹈动作进行改编将其搬上了舞台，成了现在的"绕棺舞"。

打绕棺经书（姜爱 摄）

石板村比较重视的节日主要有春节、清明节、端午节和月半节。端午节又分为小端午（农历五月初五）、大端午（农历五月十五）和末端午（农历五月二十五）。大端午时，出嫁的女儿一般都要回娘家，家家户户要在门上挂艾叶、泼雄黄酒。过去正月初一到正月十五期间，村里经常有唱灯歌戏和打快板的班子去每家每户表演。利川灯歌戏以彩龙船和车车灯为道具，具有角色小、戏班小、易学易演的特点，对服装、道具、舞台都没有严格要求。彩龙船既是对屈原的祭祀，也是对岁足年丰、安定祥和的祝贺与祈祷。灯歌是本地传统民歌，内容多为本地风俗人情和男女情爱，语言质朴。他们表演旱地划船，"舞的是龙舟竞渡，唱的却是园里种瓜；演的是彩龙飞舞，唱的却是上山砍柴"，巴楚文化完美融合其中。

"打土地"是20世纪80年代以前长期流行在石板村一带的民间舞蹈形式。春节期间，表演的舞蹈称为"打新春土地"。表演队伍一般由三人组成，一人扮演土地公公，戴面具、着长衫、挂拐杖、执蒲扇；一人扮演土地儿子，穿着滑稽，充当小丑；另一人扮演土地媳妇，男扮女装，手持彩巾，三人说说唱唱，载歌载舞。唱词内容一是祝贺、祝福之辞，是唱"打土地"的来源。唱农事耕作、十二节令等，有时还夹杂着笑话。他们一般都是"土地"领唱，锣鼓伴奏的，击乐者也帮腔，音乐多为上下句式，具有浓厚的山歌风味。其他各种场合表演的"打土地"名称各异，新房落成叫"打财神土地"，老人祝寿叫"打寿星土地"，驱邪治病叫"打隐神土地"，办喜事称为"月下老人架鹊桥"……这些表演形式均在"打新春土地"的基础上发展而来，具有浓郁的民族特色和地方特色。薅草锣鼓是村民在集体劳作时表演的一种民间艺术形式，俗话说"请好一个歌师胜过十个劳动力"，农忙时节演唱薅草锣鼓可以起到鼓舞劳作士气，提高劳动效率的作用。他们表演时一人击鼓一人敲锣，击鼓者主唱，敲锣者应之，于薅草队伍之前，打一段唱一段，唱腔粗犷豪放，具有浓厚的乡土气息。

走近

双庙村

——英豪酬壮志　丹心谱春秋

在利川市忠路镇西南角,有一座静卧在高山深处的小村——双庙村。这里群山环绕、峰峦起伏、沟壑幽深,无数水杉、银杏枝繁叶茂,静默千百年,将村庄守护在无限绵延的林海之中。袅袅炊烟,潺潺泉水,宛如仙境的小村庄,还见证了浩瀚宏大的革命波澜。红军战士曾在这里抛头颅、洒热血,为中国革命事业谱写了灿烂的篇章。

村落主体航拍图（来源：利川市住建局）

一、双庙概貌

双庙村地处星斗山脉，在星斗山自然保护区的中心区域。南与忠路镇向阳村相连，北面延伸到八厢梁子。全村下辖8个村民小组。一组旧称宋家院子；二组旧名为谢家坝；三组旧名为陈家老院子；四组名为卢家坝；五组包含椿树坪、堰沟湾、翻天坨、半坡等四处；六组包括汤家坪和寒坡岭；七组旧称窦家山、八组为萧家坪。三组和五组之间名为"丁包湾"，这里葬有两位红军战士。村寨有一个山坡，叫寒坡岭，以前，寒坡岭是双庙村村民前往小河赶集的必经之路，岭上长有一颗红豆杉，树下有一个土地庙。

双庙村村民大部分为土家族，汉族人口较少，主要姓氏有五家，分别为李、陈、宋、卢、谢，其中陈、李、谢三家为三姓，另有零星姓氏村民，大多集中生活在萧家坪。

双庙村地貌（冉石卉 摄）

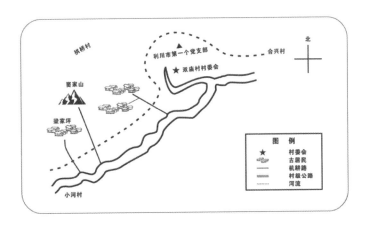

村落分布格局草图（来源：利川市住建局）

"绿树村边合，青山郭外斜。开轩面场圃，把酒话桑麻。"正如孟浩然千年前笔下的故庄那样，双庙村历经百年历史而恬淡从容，村庄四周古树参天，枝繁叶茂，层层叠叠，将双庙村环绕其中。

谢家坝、卢家坝古水杉树成片生长，古树普遍腰围 3～5 米，树高 15～20 米，干支粗壮、枝叶繁茂。银杏又名"白果树"或"白果"，生长较慢、寿命较长，自然条件下要二十至四十年才结果，所以又被称为"公孙树"，是树中的"老寿星"。因此双庙村人多以它作为家族的"吉祥树"，寓意族人长寿百年，代代兴旺发达。宋家院子、谢家坝、陈家老房子和窦家山古宅前均生长有百年以上的古银杏树。

窦家山古宅前古银杏树位于古宅正前方 35 米处，树身约两丈（6.6 米），大约要四人合抱，树龄在 375 年左右，是陈氏先祖陈开滔在此处定居时栽种

窦家山水杉原生母树（陈敏 摄）

的。以往每年农历七月，附近的村民都要将从稻田里拔出来的稗子围在树根上，腐烂变成肥料，树才能长得这么茂盛。古银杏树春秋各一色，它明艳的身姿、葱郁的枝叶伴随着它的"主人"——成为"网红"的窦家山古宅，吸引了四面八方的游客来此游览。

陈氏庄园前银杏古树（冉石卉 摄）

清雍正十三年（1735年）改土归流，设利川县，隶巡荆道施南府，双庙村成为利川县辖地，为忠路怀德里二十六保二甲，取地名为榨坪。改土归流后，双庙村地处偏僻、人迹稀少、交通不便，受地域环境影响，本地管理大都靠地方人自治，尽管村寨人口日益增多，但村民能和睦相处。民国时期双庙村属忠路二十六保，保长为榨坪（今合兴村二组）刘世进、刘代兴。陈大芳、陈有孝、陈良璧连续三代为地方团首，维持乡村社会秩序，颇受地方百姓尊重。那时候的双庙村属于二甲，由甲长负责治理，甲长由甲里名人推举产生。1949年，中华人民共和国成立后，双庙村归属忠路区管辖，行政属区与村名几度变更。1996年9月，正式更名为利川市忠路镇小河工作站双庙村，现今为利川市忠路镇双庙村。而中华人民共和国成立后的行政区划及管理方式多次调整，基层设大队或村党支部，行政设"大队委员会"或"村民委员会"，村民自治、管理乡村，监督机构为村民代表大会。全村首先分为七个小队,调整后三队分为三、四队,分为八个小组沿用至今。所以,"双庙"并非只是两个寺庙,而是铭记祖先承载孝道的家庙,可以说是宗族文化的侧面反映。

二、移民迁徙

双庙村地势高险,村落相对隐蔽,早期村民多出于躲避水患、战乱等灾难,由平原地区迁徙而来,在此繁衍生息。李氏家族的进山始祖在唐朝时就已迁入此处,算是双庙村最早定居的家族。最先迁入双庙的是李氏三兄弟,他们在唐朝末年为了躲避水患,从湖南来到利川。两个哥哥到达忠路镇集镇一带,就停止了迁徙,其中二哥将李姓改为"木"。而最小的弟弟继续前行,到达双庙村之后,觉得此处地势高绝,绝不会有洪涝之患,便在此定居。三人将盘摔碎,相约子孙后代相认需执盘为凭。在双庙定居的李氏家族发展较好,人丁兴旺,殷实富裕,为了感念祖先的护佑,便修建了家庙。

目前,陈氏家族对于家族迁徙的经历记忆犹新。据陈氏村民介绍,三百多年前,陈氏家族的"进山公"是湘西州泸溪县人,他被迫背井离乡,投奔到双庙村的外祖父家——李氏家族。陈氏最早在现三组定居,其外祖母家在现七组一带,繁衍至第三代之后,陈氏家族人丁兴旺起来,便要分家。而此时住在七组的外祖母病重需要人照顾,其中一房就搬至窦家山,即现在的七组定居。从最初搬到窦家山的陈开滔算起,到今天,陈氏家族在此处已经繁衍到

陈氏族谱(冉石卉 摄)

了第十二代。该分支后代的主体大都居住在窦家山老宅内。1949年以后,老宅里陆陆续续搬来了外姓人。看见李氏家族修建了家庙,陈氏家族也不甘落后,将家庙从山王庙搬至李氏家族宗庙的对面,进行了重新修建。

卢氏家族则是在清乾隆五十年（1785年）由贵州铜仁府铜仁县避难迁徙至双庙村，为纪念祖先将所居地命名为"卢家坝"，至今繁衍十二代。这些家族历史的传说，携带着村民的集体记忆，已经成为双庙村传统文化的一部分，世代流传、经久不息。

三、红色记忆

在中国革命历史时期，双庙村涌现了一大批英雄人物，产生了无数可歌可泣的传奇故事，留下来许多值得铭记的红色遗迹。在双庙村就有三位神奇英雄，他们分别是李景凯、李宽文和周念民。

李景凯故居

（来源：双届村村委会）

利川市第一个党支部所在：

李氏祠堂——双庙子（陈敏 摄）

李景凯，红军战士，1911年生于利川市忠路镇小河双庙村。他曾任双庙村游击队队长，鄂川边红军独立团第四大队大队长，中共利川县双庙村党支部书记。李景凯自幼父母双亡，在成立双庙村党支部、组织开展游击活动中发挥了重要作用，后因病返家，与党组织失去联系。20世纪80年代，利川县政府准备给予李景凯生活上适当照顾，被他婉言谢绝。1982年，李景凯病故于家中，享年71岁。据李景凯的幼子介绍，父亲有一个小木盒，严令禁止其他人碰，每个月不论家中进项如何，都要往里面放一笔零钱。小时候，他曾偷偷打开过小盒子，里面放着一张党员证明，还有一些零钱。后来，他渐渐明白，他的父亲虽然一度与党组织失去了联系，但一直以党员的身份严格要求自己，每月按时交纳党费。

李宽文，农民武装团体领导人，生于清末重庆石柱县的一个贫寒家庭，因不满官府豪绅欺压，被迫随父亲流落到利川双庙村，以做篾匠为生。1926年到1928年间，自称"李大菩萨"，以组织"神兵"（中华人民共和国成立前恩施地区反对封建军阀，带有封建迷信色彩的农民武装团体）的形式，设神坛开展抗粮、抗捐、抗丁、劫富济贫等斗争，一度攻占石柱县城，名声威震。1928年9月28日，李宽文率部参加中国共产党领导的丰都县栗子寨观音寺的农民起义。1929年6月，李宽文在双庙村与红四军特科大队中队长黄子全部会合，组织了千余人的"神兵"队伍，与红军一道攻克利川县城。8月中旬，李宽文在攻打石家坝王家泰团阀时，身负重伤，于黄水坝去世，葬于双庙村。

红军伤病员疗养旧址：陈世谷家（来源：双庙村村委会）

正是在这些仁人志士的带领和感召下，双庙村掀起了一场场波澜壮阔的革命浪潮。1933年，利川第一个党支部在双庙村诞生。1933年夏，时为中共地下党员的周念民在小河再次组建游击队时，双庙村青年农民李景凯积极参与游击队的活动，任小河游击队兵站站长。是年十一月，时任红三军新兵独立团团长的周念民，随军回到小河，宣传、发动群众，开展游击战争。在周念民的领导下，李景凯再次受到启发和教育，对党和革命有了更深刻的认识。经周念民介绍，李景凯加入中国共产党。随后，李景凯又发展当地农民陈云凤、谢德波为党员，建立了中共利川县双庙村党支部，李景凯任党支部书记。双庙村党支部是利川建立最早的一个党支部，隶属中共湘鄂西中央分局领导。双庙为李、陈两族家庙，李氏家庙约在乾隆初年由当地陈、谢、李三大家族共建，后卢、陈两大家族约于晚清时将山王庙的另一庙搬至古家庙的对面，相对而立。陈氏家庙近年被拆除，目前仅存李氏家庙。

红军丁××和包××墓碑（双庙子党支部遗址屋后）（陈敏 摄）

1933年11月，贺龙部队在小河留下18名红军伤病员交给李景凯护理，并留下一匹白马。红军离开小河时，留下政工干部邓永兴、邓达珍等六人到双庙村窦家山一带活动，一方面保护红军伤病员，一方面开展党的地下工作。李景凯把这些伤病员接到双庙村，安置在陈世谷家，还请草医陈先觉为伤病员精心治疗。同时，李景凯还利用各种社会关系解决伤病员给养问题，保证伤病员的安全。陈先觉不仅精心医治伤病员，还主动给伤病员送来粮食。当地富绅刘世远的妻子是李景凯的姑姑，李以亲戚关系向刘世远及其兄刘世进保长宣传红军劫富济贫的主张，并要刘争取主动，不要向敌方告密，还要求刘家供给伤病员的生活费用。由于红军声威大震，刘世远一一照办。到1934年4月，除红军战士丁某、包某伤势过重牺牲外，其余伤病员全部康复归队。后来，双庙村党支部在红三军战士和康复伤病员的帮助下，发动群众、成立双庙子游击队、开展武装斗争。

红三军独立团活动旧址（冉石卉 摄） 红军独立团谢家坝活动旧址纪念碑（陈敏 摄）

1934年2月中旬，李景凯与红军干部邓永兴商议，通过秘密联络，发动20多个思想进步的青年农民和红军康复伤病员十余人在半坡李景凯家组建起双庙子游击队。李景凯任队长，邓永兴任政委，邓达珍任副队长。为了增强实力、武装自己，游击队筹谋策划增添一批枪弹。李景凯和邓永兴立马奔赴小河，向从红军队伍中回家的周永立做思想工作，阐明利害关系，解除他的疑虑，收回短枪一支。二人又到向阳村金竹台，向吴南生拿到小河居民刘书生、方廷禄收藏的两支步枪。2月下旬的一天，居住在土坝嵌的谭正贤病故。他的侄子谭嗣林（"神兵"区长）要去吊丧，李景凯和邓永兴得到这个消息后，便决定乘这个机会前去会一会谭区长，找他"借枪"。当日下午，李景凯、邓永兴率十五名身强力壮的队员假装到谭家"坐夜"。夜里，他们找到谭嗣林，直截了当地向他说明来意，约定三天后交枪。第三天晚上，李、邓率二十多人到谭家。谭嗣林也交出好枪六支、子弹三袋。2月底，游击队到小河、老屋基一带开展劫富济贫活动，镇压土豪周永正,并将其粮食财产分给了穷苦群众。同时还刷写标语,开展宣传,吸引了许多劳苦青年报名参军。几天之内,游击队发展到五十多人,有快枪二十多支和一些大刀、长矛之类的土制冷兵器。1934年3月上旬,双庙子游击队在谢家坝并入由刘汉卿领导的红三军游击独立团。

1934年,贺龙指挥的寒坡岭战役在双庙村打响。1934年4月15日,红三军离开十字路挥师小河。此时,敌新三旅薛芝轩团妄想寻机报复。贺龙料到敌人会有这一招,于是派出战士扮成农民、石匠、木匠、商人等,四处侦察敌情。当了解到薛部1000多人已窜到狮子坝,准备取道寒坡岭,进犯小河的消息后,贺龙让农民李代好带路,亲自到寒坡岭观察地形。寒坡岭山高森密,对面的八箱梁子为悬崖峭壁,中间一条小溪潺流于山间,构成一个狭长地带,便于隐蔽部队。贺龙决定在这里布下"口袋阵"痛歼敌人。4月18日上午,薛芝轩团耀武扬威地向寒坡岭开来。当他的先头部队大摇大摆地进入双庙村伏击圈时,埋伏在两侧山上的红军战士飞快地包抄下来,在干河沟桥边封锁其退路,把敌军先头部队全部装进了"口袋"。经过一个多小时的酣战,红军毙敌十几人,俘敌百余人。敌军后续部队行至谢家坝,才明白已经中计,再也不敢贸然前进,最后因害怕,落荒而逃。红军乘胜追击十余里,在水墨兜又毙敌三人。战斗结束,战士们一路高唱战歌,回到驻地小河。

鄂川边红军独立团也在双庙村建立和发展壮大。1934年3月上旬,红三军游击独立团从沙溪到双庙村谢家坝与双庙子游击队会合,将游击队编入该团。4月上旬,独立团到麂子寨休整,遭敌新三旅薛芝轩团袭击后,于10日到达十字路与红三军主力会师,将"红三军游击独立团"更名为"红三军鄂川边区独立团",频繁活动在小河狮子坝、大沙溪、毛坝、黄泥塘一带,组织地方武装,沿途劫富济贫,获得了老百姓的赞誉。6月20日,鄂川边红军独立团在谢家岩与敌新三旅薛芝轩团激战,利川县游击队从双庙村飞速驰援,合击敌人,取得胜利。随后,独立团到龙乡台召开中共鄂川边工委会议,决定将"利川县游击队"并入"红三军鄂川边区独立团",编为第七大队,朱清武任大队长,傅忠海任政委。

鄂川边游击队改编为利川县游击队旧址（来源：双庙村村委会）

1934年6月16日中午，傅忠海率领游击总队从文斗邵家老房子撤退后，转移到小河严家堰附近。王怀廷已带领数十名队员先期抵达。部队会合后，因战事失利，队员士气低落，负面情绪比较严重。为了保存革命力量，傅忠海、王怀廷经过商量，决定率部与正在老屋基一带活动的鄂川边红军独立团会合。傅、王二人率部到达双庙村时，获悉石柱县湖镇团总张世华、杨胜良调集团防追击，已进至太平山，正向小河逼近。

为避开敌人锋芒，保存实力，傅忠海当机立断，决定组织一支几十人的精干队伍，当夜牵着十几匹骡马从双庙村赶到小河。这些战士将马时而分成两三匹一队，时而又分成四五匹一队，时而全部集中起来，在小河街上过了一通宵。第二天，小河的老百姓纷纷议论，红军部队昨晚过了一整夜，人多马也多。张世华派出的探子听到老百姓的议论，立即赶回去报告，张世华信以为真，仓惶撤退。

不久，游击总队总队长朱清武率领一百多名队员从竹子营突围，与在环带山阻击团防进攻的游击总队分队会合，先后撤退到双庙村。此时，游击总队只剩下二百余人。为了缩小目标，分散敌方的注意力，傅忠海等人在双庙村的谢家老房子（即谢德波家）作出决定，正式将鄂川边游击总队改编为"利川县游击队"。谢家老房子基本保持原貌至今。它位于双庙村东部，距双庙村一公里。房屋坐南朝北，建筑占地面积288平方米，如今整个房屋背靠大树林山，面朝八箱梁子，东西有村民居住，屋前为公路，公路下面是一条缓缓流淌的小溪，稍远处为田坝。

四、四合庭院

以姓氏结群合居是四合院的主要特色。宋家院子、谢家坝老房子、陈家老房子、青冈树梁李家院子、窦家山古宅、汤家坪李家院子等四合院建筑至今还保存完整。四合院分两种形式：一是不全封闭，如果前面向山陡峭，古称"青龙"或"白虎"山，于是修建时空一间或前面不封闭，并且在大门上方挂上一个楠木制作的辟邪物"吞口"，寓意平安。村中的宋家院子、陈家老房子均属此类。另一种是前面向山，地形开阔，修建时则采用全封闭的方式，堂屋正前面建有大"朝门"，窦家山古宅就属于典型的全封闭式建筑。这些古建筑群的主要特点：一是以姓氏结群居住；二是建筑风格基本一致，造型矮塌，多选用尖栗树、马桑树等杂木造屋；三是在院落周围大都种有树。

窦家山古宅，也称陈氏庄园，是一座典型的四合院，坐西北朝东南，背靠窦家山，占地面积共3000多平方米。清乾隆十八年（1753年）由湖南湘西迁来的陈氏第二代陈绍荣在茶园（即现在的陈家老院子）建不全封闭四合院，开始在这里定居，分左右两半封闭四合院，中间与天井连接，前面有一排吊脚楼（已毁），前门有石梯。第三代陈承题携老扶幼来到窦家山，建立家业。祖孙三代共同打拼，置田上百亩。1850年，陈承题开始修建庄园，次年病故，他的三儿陈大芳接着修建，1851年终于建成。

陈氏庄园左侧门（冉石卉 摄）　　　　　　院内天井（冉石卉 摄）

房屋为一楼一底结构，建有"七石朝门五天井"。"七个朝门"关起来之后，四合院呈封闭状态，据说能与旧时院落外围墙上的枪孔形成完整的防御体系。庄园的三道石门在20世纪60年代至70年代被毁，现在仅存四道石门。正门高约2米，上部飞檐保存较为完好，彩绘花纹尚存，门边对联字迹依稀可见，石门上的匾额已被毁坏。门前建有吊脚楼房，楼上设有书房，体现了"耕读为本"

庄园正门细节一（冉石卉 摄）　　庄园正门细节二（冉石卉 摄）

的理念。院内三口天井分三级排列,大天井地处中间,左右两侧各有两个小天井,占地百余平方米。正堂屋两侧设大厅可容纳百余人,两旁分别有上天井和下天井。右厢房下方为马厩,左厢房下方为猪牛栏圈。吊脚楼和晒谷场用人工制成的大条石砌成。整个庄园共有房屋35间,各房间木窗雕花精美、图案多样,保存完好。这座四合院规模宏大,气势雄伟,不仅记录和见证了家族的兴衰史,而且也反映了村民因地制宜、包容并蓄的聪明智慧。

木窗雕花(冉石卉 摄)

五、朴实民俗

清明会是双庙村村民祭奠祖先的传统民间组织,后发展成为祭祖仪式的代称。双庙村清明会由湖南等地的"挂亲"习俗演化而来。"挂亲"仪式由清明会主持,清明会以会内自有田产的租、息作为挂亲的费用,在清明的前十天或五天内由该会负责人召集族人在祠堂祭祖,打扫祖坟、吃清明酒。到清明这一天,全族人购置牲礼、齐聚祠堂、祭奠祖宗，再高举彩旗、敲锣打鼓、吹马号和唢呐，集长队上坟，清理祖坟上的杂草，添上新土。除此之外，还要用多枝的小竹挂钱蟠于坟头，再放置祭品，燃香化纸。此时，司仪还需读祭文，族中长辈依次在坟前行三跪九叩礼，然后鸣炮。

双庙村的民间工艺主要有木工和编织。民间木工是本村传统工艺，它分"高架""圆货""家具"三种。"高架"木匠主要修造木结构房屋；"圆货"木匠制作圆形家具；"家具"木匠打作除圆形家具以外的其他家具。中华人民共和国成立后的木工手艺人有宋礼安、谢吉斌、谢福善、谢福志、卢云斌等。双庙村村民家中至今还保存有许多精美的木制家具。

楠木吞口（陈洪林 摄）

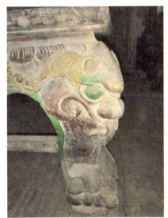

古床右腿雕花

古床侧面雕花木板及细节（冉石卉 摄）

这个雕花古床宽1.5米，长约2米，全榫卯结构，古床主体呈栗木色，床头与床尾均雕有精美荷花纹样，并以彩漆上色；床头彩漆保存完好，床尾彩漆已脱落。床的侧面有一整块木板，木板可拆卸，板面雕有精致花纹。床腿雕有两种不同的动物，左侧为六牙象，右侧为猛狮，黄、绿栗木色彩漆清晰可见。

古床左腿雕花　　　　　　　古床床头雕花（冉石卉　摄）

七组村民唐寿江擅长竹编，远近闻名，他制作的竹席细腻精致、柔软舒适，晒席、挡席、筛子、簸箕也都是他的"强项"。村民陈文熙也是本地有名的蔑匠，他编织的背篓，深受村民喜爱，在市场上十分畅销。

双庙村的乐器吹打也极具特色，乐器主要有唢呐（俗名萨呐子）和锣鼓。以前，相邻村庄一到过年就流行打锣鼓比赛，谁家没有"锣鼓引子"（锣鼓敲打由"撩子"和"引子"组成，"撩子"是固定模式，"引子"是变化模式，多种多样），就很失面子。双庙村的锣鼓艺人不计其数，谢德东父子、唐国清、宋乐秀是村里有名的唢呐艺人。双庙村的民间艺术还有秧歌、道琴、薅草锣鼓和孝歌。其中，唱"孝歌"是"白喜"的一种守灵方式。村里很多出名的"孝歌"歌手，如李正富、李光全、谭绍金、卢云成、李光兴、张秀林、方万祥等，他们都是远近闻名的老一辈歌手；如今又涌现出全克宣、杨景发、李宗勇、刘朝友、刘朝兴、谢福学等年轻歌手，他们个个伶牙俐齿，出口成章，表演生动。

遗珍

/Yizhen/

山青村

——刘家湾大院

山青村，位于利川市东南约 50 千米处，在毛坝集镇西北，因被青山绿水环绕而得名。整个村落坐北朝南。东西向的两条十来米宽的小溪沿村蜿蜒流过，溪水清澈见底，为唐崖河源流之一。村民房屋错落有致，分布在河道两旁，古老的盐道横贯其中。山青村背靠麻山，意为"来龙"；左有马鞍山，右有燕子岩，意为"青龙""白虎"环抱围护，又有远山近丘的朝案对景呼应。村子周边的小地名有大河坝、董家坪、磨盘溪、刘家湾、岩脚、安家坡、燕子岩、革腊溪、里头河、竹园坪、椿树堡。这些极具乡土气息的地名，承载着村寨的悲喜记忆，是村民们寻求乡音、结识同乡、守候乡愁的最为朴实的方式。

山青村建村于清代，经历了几百年的岁月风霜，为山青人留下了一份厚重的历史文化遗产。山青村是毛坝镇传统风貌保存较为完整的村落之一，22 栋保存完好的吊脚楼依山临水，体现了"占天不占地，天平地不平"的建筑理念。占地约 6000 平方米的刘家湾大院，有红木墙、小青瓦、花格窗，司檐悬空，走马转角，院后茂林修竹，院前青石板铺路。刘家湾有一座上百年的吊脚楼，吊脚楼中间是堂屋，左右两边为饶间，作卧室、厨房之用。饶间以中柱为界分为两半，前作火炕，后为卧室，楼上还有绕楼的曲廊，一瓦一木无不彰显它的古朴。不仅如此，吊脚楼多是半立陆地、半靠山水，依山就势而建，选址讲究。出吊脚楼往右不足 20 米，是约 1000 平方米的刘家湾古墓群。墓地建于清光绪三十三年（1907 年），坐西朝东，占地约 60 平方米，由牌坊、墓碑、坟茔三部分组成。牌坊四柱三厢三重，通高 4.9 米，宽 3.4 米，厚 0.38 米，一重中间为门洞，两厢刻碑序、墓志，边上有驼峰式抱鼓刻龙凤图案。二重额嵌"长安乐"

匾；三重浮雕"三星高照"和"一团和气"人物图案。牌坊后有1.8米高立三厢抱鼓式墓碑，型制与牌坊相仿，体量稍小。墓碑后坟茔用规整条石砌成六边形，保存较好，对研究当地人文、习俗及石刻艺术具有重要价值。此外，还有精湛的造纸技艺、栩栩如生的"剪窗花"、欢快喜庆的"土家灯戏"，作为山青村传统文化中的"三绝"，远近闻名。

长槽村

——石龙寺

长槽村位于利川市利中盆地，团堡镇东北角，海拔 1000～1200 米，年平均气温在 15 ℃左右，气候温和适中，东与晒田村相连，西与马栏槽村、野猫水村接壤，南与大坝村交界，北与马踏井村毗邻。

长槽村历史悠久，文化遗产丰富。村边的小山上有一座寺庙，叫石龙寺，小山团而不圆，高约百米，形若堡垒，林荫蔽日，古树珍奇。该寺建于明洪武初年（1368 年），砖木结构，内有四进四殿，设置七个天井，是恩施州内年代最久、规模最大、保存最完整的古寺庙建筑物。寺分三殿，总建筑面积为 1050 平方米，四周条石砌基，火砖砌墙，殿内木质结构，廊柱雄立，神像森列，图案雕刻，精工细致；人物造型栩栩如生。额楼刻渔樵耕读图案，山墙绘古代神话故事，日里暮间，钟鸣磬鼓，声传十里，香火鼎盛。寺内外景点自然古朴，惟妙惟肖。龙宫池内，石龙盘旋，灵光溢彩；龟相府有龟相运筹帷幄，潇洒自若；蟹将馆有蟹将力鼎千钧，气盖云天；鱼妃院佩鲤脉脉含情，传诵爱的佳话。夫妻银杏树历经沧桑，恩爱相守，价值连城；抗战纪念塔，巍然屹立，彪炳史册。众多景点，目不暇接，令人留连忘返，叹为观止。还有那奇妙多情的传说故事，动人心弦，感人肺腑。

清乾隆五十四年（1789 年）进士张定远来寺游览，观得石龙气势，赞不绝口，随即赋七绝一首："怪石峥嵘幻作龙，飞身凌驾白云中；不是老衲吟雕琢，早乘风雷上九重。"清同治十一年（1872 年），任利川南坪巡检的湖南溆浦附贡周鹏龄，在石龙寺游览后也诗兴大发，写了一首排律对寺中石龙大加夸赞。清同治年间，廪生冉有恒改寺庙为义学，玉皇阁上悬"从龙书院"大匾。这期间，石龙寺曾两度遭到火焚，后殿化为灰烬。清光绪五年（1879年），施南知府王庭桢毁义学及书院，复名石龙寺。民国二十六年（1937年），团堡民众复建后殿，石龙寺恢复原貌，外形完整，保存至今。可惜殿内设施，几度遭受破坏，又遭战火劫掠，石龙被斩头切尾，龟、蛙亦头破肢残，木雕尽数摧毁，仅存木雕一尊、石雕16座、石碑25块、石刻对联二副。石龙寺是明代至近代以来宗教建筑形式与土家建筑风格相结合的产物，更是广大劳动者智慧的结晶。有一座培风塔与石龙寺遥相呼应，建于清道光二十年（1840年），历经沧桑，但塔上所镌刻的"绝顶高超联紫气，层梯稳步接清云"十四字依然清晰可见。尽管长槽村地处偏远，但村民热爱祖国的山河，关心国家命运，不惜捐躯赴国难，视死如归，在长槽村八组至今还矗立着一座抗战阵亡将士纪念塔。

如今，这个大山深处的小村寨依托绿色生态资源，大力发展乡村特色产业，用最绚丽的色彩描绘着乡村振兴的新画卷。长槽村正步入"生态美、产业兴、百姓富"的美丽乡村发展之路。

青龙村
——青龙字库塔

青龙村位于齐岳山脉青明山脚下,东与文斗乡三合村相连,南与彭水县三义乡接壤,西与石柱县黄鹤乡隔河相望,北与石柱县洗新、新乐乡毗邻,隶属于湖北最西的文斗乡,素有"一脚踏两省"之称。青龙村开发时间较晚,明清时期,外来人口由于躲避战乱、灾荒等陆续迁入此地,在这"世外桃源"安家置业,繁衍,发展。

该村有一处历史遗址——青龙字库塔,又叫"化字炉",是古人专门用来焚烧字纸的建筑。当你穿过青龙村街口,沿着尖山沟向上爬,在山腰延展出的一块平整地上,远远就能看见一座高高的石塔。当地人把石塔所在地叫作庙梁子,即是山梁上的一座庙。青龙字库塔由三层塔基组成,根基牢实,塔身分为三层,塔身一层镌刻着"大清同治癸亥年孟夏月初八日,善果沐手敬书"字样,塔身第二层正面,化纸口上方工工整整刻有"字库"二字,而化纸口两边还镌刻着一副"一村凤篆缸,百斛龙文鼎"的楹联。塔身呈正六边形,每一面都刻有文字,但由于年代久远,难以辨识。在距石塔五步之遥的土坎上,有两座倒塌的石碑,其上文字曰:"中华民国叁年修……",其他文字已无法辨识。但从中可以看出,民国三年(1914年),当地便已经重修了学校,旁边两句诗"彩云见日耀天心,知水仁山徵地性"则记述了当初的繁荣景象。时过境迁,但屹立不倒的字库塔仍见证着历史的辉煌。

因与重庆接壤,与石柱县仅有一河之隔,在青龙村境内现有一桥跨两地,连接着青龙村与石柱县。几百年来,村民们日出而作,日落而息,每天重复着简单而不失乐趣的生产劳作,虽俯身于泥土,却不失教育兴邦的远见,"青龙字库塔"便是青龙村这种理念的重要见证。

双泉村
——字库塔，步青桥，节孝碑

双泉村位于利川市毛坝乡境内，距利川市城区约40千米，紧邻青岩村，全村由大、小鱼泉组成。

青岩字库塔修建在青岩河上的步青桥头。字库塔位于桥北，六角三层楼阁式空心石塔，通高5.7米。始建于清同治十三年（1874年），于清光绪元年（1875年）落成，塔的每层均有六角高翘，塔第一层背面有一个圆孔。塔第三层西壁阳刻楷书"字库"二字，下方四周雕刻着精美的人物图案，栩栩如生。塔第二层正面阴刻着"步青桥"字样和"结善士缘须列善士，铭文字可培文风"的楹联。塔的第一层的六面和第二层的五面均阴刻着修建步青桥的序文、善士名字和捐款数目。字库塔原本四层，最上一层被毁，现如今塔身已风化。

青岩字库塔由当地清代贡生刘玉成所修。刘玉成曾在北京国子监就读，后回乡，在青岩河边办学，同时修建了步青桥和字库塔。步青桥碑文载，该桥建于清同治癸酉年（1873年），为单孔石拱桥，长21.4米、宽4米、孔跨7.2米，拱券纵联砌置。建桥资金来源于四川、贵州、江西、湖南、湖北等地善士捐款，清同治甲戌年（1874年）石桥建成后，刘玉成邀请重庆巴县举人熊泽芗、王永廉来到青岩，为其撰写《复修青岩桥记》，后刘玉成把《复修青岩桥记》作为步青桥碑文与捐款善士的名单刻在字库上。步青桥紧靠字库塔，字库塔立在步青桥头，整个桥为青石建造，虽历经百年风吹雨打，但石桥仍很坚固，没有一点倾斜的迹向。

此外，与字库塔隔河相望的有清光绪皇帝所赐修杨氏节孝碑。节孝碑距步青桥20多米，修造于清光绪十年（1884年）。碑高约6米，宽约0.5米，顶端四角高翘，碑正面阴刻"奉旨旌表刘肇珍之妻杨秀万之女玉成之母节孝碑"；碑右侧阴刻"湖北武昌全省抚院彭公大人潘宪王公大人题赠'志节可风'"；碑左侧阴刻"钦加三品衔即补道湖北施南府利川县陈题赠'敬姜遗范'"；碑后上节阴刻"特授湖北施南利川县贰府张公无府大人题赠"字样，下节碑序阴刻。字迹清晰，保存完好。该碑为纪念刘玉成母亲杨氏所立。

一座字库塔，一座青石拱桥，一块节孝碑，相映成景，共同讲述着一段厚重的历史，见证着村寨的蹉跎岁月。如今，步青桥及字库塔已被列为湖北省文物保护单位，是川盐东运通道上的重要人文景观，对于研究川鄂盐运史、交通史具有十分重要的历史意义。

水井村
——大水井古建筑群

水井村位于柏杨坝镇东北方。村落地势为西北高、东南低,平均海拔约965米,属山地、丘陵地形地貌。气候温和适中,森林茂密,冬暖夏凉。东与柏林村、高仰台村接壤,南与杨泗村相连,西与横石村、龙兴村接壤,北与龙丰村相邻。村民姓氏以李姓和张姓为最多,两姓先祖大多为清朝"湖广填四川"时期的移民,田、谭、刘等姓氏次之。

学士庙位于水井村的小山顶上。建于清,坐北向南,占地面积约1600平方米,建筑面积约300平方米。山顶四周边缘保坎用巨石垒砌,东侧开一石砌朝门,门顶为匾额式门楣,正面文字已毁,背面阴刻"大寨岭"。院内建筑坐北向南,悬山式瓦顶,砖木结构,面阔五间(现存四间),进两间,东侧配房一间。正中一间开大门,青石拱券式门顶,门前石抱鼓。原为全国重点文物保护单位"大水井古建筑群",是李氏家族子女上学的地方,是研究大水井古建筑群历史文化的重要实物资料。

整个水井村大水井建筑群由李氏宗祠、李氏庄园和李盖五宅院这三部分组成。现大水井李氏庄园建筑面积多达6000平方米,有24个天井、174间房屋,鳞次栉比,规模宏大。

李氏宗祠坐落于李氏庄园和李盖五宅院之间,西南距李氏庄园150米,坐东南向西北。原为土家人黄氏老宅(始建于明末)及祖墓,清乾隆后为李氏所有,并于清道光二十六年(1846年)动工,清道光二十九年(1849年)落成,改建成李氏宗祠。砖木结构,平面呈不规则的长方形,东西长120米,南北宽90米,建筑面积达3800平方米,占地面积(含围墙)10000余平方米。主体三进四厢,由北向南依次排列着前厅、祖堂、后寝三重主要建筑；东、西两侧各建有一组"四水归池"的厢房。建有大殿 3 个、厢房 4 排、天井 6 个，讲礼堂 1 个，共有房屋 69 间。三大殿均宽 17 米，进深 10.5 米，四厢房中分别设有讲礼堂、仓库、银库、财房、族长住房及客房等。大山门两旁的屏形墙面用特意烧制的琉璃塑画砖砌成，顶上为门楼式垛墙，彩瓷拼嵌的"十八学士登瀛州"以及画在垛墙上的"洛阳桥"故事熠熠生辉，正中匾书"李氏宗祠"，左右山门上分别题有"居之安""平为福"字样。前修保坎，高 8.8 米，长 90 多米。栏墙上有长方形孔眼 24 个，大概是祭祀时放礼炮所用。后依山势逐级拔高的城墙总长 500 多米，高 8 米，厚 3 米，梯石均为整块巨石，重达千斤以上，最重者达 2500 多千克。墙上依次布设枪炮孔 108 个，严密封锁着祠堂外所有通道，城墙四角原有突兀的炮楼，供李氏修造枪炮之用。东西侧分别有 1900 年修建的"承恩门"和"望华门"供出入。祠堂西侧有口小井，砌有高 5.7 米，厚 2 米，长 52 米的围井石墙，是李氏最后一任族长李盖五于民国十九年（1930 年）修建的，在水井北面的墙壁正中镶砌着由李盖五所书"大水井"三字的方石，并建有水井石梯 72 级，大水井因此得名。祠堂四周围墙高耸，左、右、后三方为依山势逐步升高的石墙垛堞，高 6～7 米，厚 3 米，总长为 390 米，全用麻条石砌成。风雪中，傲然矗立，雄居险关，那巍峨城墙与周围的地理环境衬映出一股威严和霸气，令人敬畏而却步。李氏宗祠是湖北现存最为完整的宗祠建筑。1993 年由利川市文化体育局接管，2001 年成立大水井古建筑群保护管理所。

位于宗祠西侧 150 米的李亮清庄园，称为"李氏庄园"，是大水井古建筑群的重要组成部分。呈向心式布局，建筑风格为中西合璧，修建于 1924 年，占地 4000 多平方米。高大气派的朝门遥对前山龙口，取龙跃大海之意。门额上的仿石匾额为"青莲美荫"4 字，彰显李氏家族身份不俗。庄园前院更是气度不凡，极尽创意，200 平方米的院坝全用规格统一的平板青石铺就，前廊拱券欧式方柱粗壮挺拔，雕凿精美，堆塑华丽。两侧吊脚雕梁画栋，可谓匠心独运，中西合璧。进入朝门，上石梯十余步，即为庄园正门。沿庄园中轴线从前至后由低就高排列着三大殿，为主体建筑，两侧屋宇相连，天井密布，一室一景，阁楼呼应，气象万千。主体建筑三进四厢，共有24个天井，174间房屋，房屋多为2～3层的楼房，其中有大厅、套房、客厅、客房、小姐楼、帐房、仓房等。其中主殿三进，殿正上部雕花飞龙，下部拱门走廊，中西合璧。两边厢房则为土家吊脚楼布局，西厢房两层，东厢房三层，底层为马厩。楼梯沿天井回旋，逐渐升高，楼道互通，彩楼迂回高耸，凭栏可观整座大院。"小姐楼""绣花楼"构件精巧别致，显得富丽堂皇。其中，"走马转角楼""一柱六梁""一柱九梁"的建筑风格是最具特色的部分。

中央电视台、湖北电视台、恩施州电视台、利川市电视台多次到大水井拍摄，还有原生态MTV《龙船调》和《神兵》、《血誓》、《大水井》等均在大水井拍摄或取景。2012年，湖北省环境保护厅（现湖北省生态环境厅）授予水井村"省级生态村"称号；2014年，水井村被列入第三批中国传统村落名录；2017年3月，水井村被国家民族事务委员会授予"中国少数民族特色村寨"称号；2017年11月，被湖北省文化厅（现湖北省文化和旅游厅）列入首批湖北省"特色文化村"创建名单。

长干村

——张爷庙，天主堂，花台民居

长干村位于利川市忠路镇东北部，地处星斗山国家级自然保护区，紧邻佛宝山。长干村坐落峡谷之中，如同玉石，自然景观秀美壮丽。郁江两岸崇山峻岭，沟谷纵横交错，奇峰异石千姿百态，鸟啼山涧，溪水潺潺，青山座座，炊烟袅袅，屋舍若隐若现。山坡上古树丛生，藤蔓盘缠，横跨郁江的风雨桥朴素自然，古色古香的传统建筑巍然而立。

长干村是革命老区和爱国主义教育基地。古建筑张爷庙坐落于该村青岩河畔，庙宇四周群山环绕，绿树掩映，芳草萋萋，建筑与周围环境完美融为一体，人行古道上，如临图画中。老庙始建于清，民国时期（1930年前后），川军贺国强至此，烧毁老庙，新庙为烧后重建。张爷庙坐南朝北，木质结构房屋，一楼一底，正房7间，厢房4间，主体结构保存较好，占地250平方米，抬梁石柱基，夯土地面，院落由一殿两厢组成，主殿为抬梁式，院坝用石板铺成，柱础上有阳刻"炼金炉"等字样。中间大殿四列三间，进深7.7米，面阔14米。修复后新庙部分又再次被烧，现东厢及大殿保存较好，为花台初级中学校址。张爷庙是中共湘鄂西前敌委员会成立旧址，故张爷庙是湘鄂西革命根据地发展过程中的重要实物见证，具有极其重要的历史意义。2008年该旧址被列为湖北省文物保护单位。

此外，长干村还保存有天主堂和花台民居，这两座修建于民国初年。天主堂坐北朝南，一正两厢，穿斗式木质架构，宏伟壮观；花台民居为三厢两院，全木结构，朴实牢固，建造技艺绝巧精湛。

团圆村
——范家老屋

团圆村位于柏杨坝镇东南角,东与钟鼓村接界,南与九龙村、穿山村、东升村相邻,西与响水村、柏杨坝村接壤,北与齐心村、大淌村毗连。团圆村地处高山地区,平均海拔1240米,四季分明。该村山清水秀、资源丰富、动植物种类繁多,森林覆盖率为62.5%。(据团圆村2019年统计数据)

团圆村范家老屋保存完整,是该村豪绅范章廷于民国三十七年(1948年)所建。范家老屋为石木结构的四合院式建筑,坐北朝南,背后青山环绕,前面平地开阔,屋顶盖瓦,中有天井,地面均为青石板铺成。房屋错落有致,走廊往返回复,屋与屋相连,廊与廊相通,院内雕梁画柱,图案各异。在天井周围,均有粗壮的柱石,石上刻有花鸟鱼兽,其主体建筑为两进、五院、两楼(碉楼、绣楼),占地2000平方米,建筑面积1800平方米。碉楼位于院坝左侧,平面,方形,边长4.8米,条石垒砌,四角攒尖顶,通高4层13米;炮眼密布,占地25平方米,肃穆庄重,固若金汤。碉楼第一层为全封闭结构,第二层有一小门与绣楼相通,第三、四层的每一方位各开小窗供通风采光和瞭望。绣楼、卧室、厨房布局合理,尤其是窗格雕花精细,图案各异,极具艺术价值。整个建筑风格中西合璧,建筑技艺精湛完美,规模宏大,功能完备,是一座集生活起居、安全防御于一体的传统民居,是研究鄂西地区建筑艺术和地方社会经济发展的珍贵实物资料。正房厅堂已被损毁。当年庄园外的大朝门、古凉亭,只残留在人们的记忆中。2008年,范家老屋被列为湖北省文物保护单位。

人头山村

——"人头漆"

人头山村位于毛坝集镇西南处,东北临近双溪村的轿顶山、石老爷、石老娘,西南紧靠咸丰县小村的土地溪、沙湾溪,东南正面是亮孔寨、马鞍山和香炉石,西北面与咸丰县的大村大山一脉相连。

人头山村山清水秀,民风淳朴,自然风光和人文景观引人入胜。咸服溪源于人头山村,是青岩河的一条支流,河水清澈甘甜,千百年来,默默无闻地滋养着这一方土地和百姓。沿着蜿蜒盘旋的古盐道行走,可饱览山谷绿浪、野花异彩、霞光飞舞以及错落有致的土楼,如诗如画的美景令人陶醉。

人头山村盛产"坝漆"。"坝漆"因产于利川毛坝而得名,"坝漆"漆质浓厚细腻、色泽光亮、气味芬芳、附着力强、燥性好,漆酚高,防腐,耐酸碱。清同治年间编写的《利川县志》就有"乡民珍惜,争种漆树"的记载。历史上"坝漆"曾显赫一时,清光绪年间,坝漆就行销全国,并出口日本、法国、美国、德国、英国等50多个国家和地区,享誉全球。日本虽有2400年的生漆工艺史,但漆农几乎绝迹,因此也从中国进口"坝漆",并对"坝漆"赞不绝口。

人头山的坝漆品质闻名遐迩,是中国三大名漆之一,被誉为"漆中之王"。其核心产区就在人头山。曾有诗赞叹:"毛坝坝漆清如油,光泽照见美人头。摇动虎斑味酸香,提起弹丝如鱼钩。"因而有"漆照美人头"的说法,得名"人头漆"。以前有钱人家提前准备的棺木都要用坝漆刷,一年刷一次,有刷上七八层十几层的,说是入土后,有了好漆,不怕水泡和虫蚁咬。

生漆的采制是一件极其辛苦的工作,古人有云"百里千刀一斤漆"。一棵漆树从种植到可以割漆大概需要7年的时间,成熟后的生漆树管护得好一般可以割漆十几年。漆树的浆液沾染到人的身上会产生过敏反应，皮肤红肿，奇痒难忍，但割漆人经验丰富，他们割漆一般选择在4—9月，每天日出前去割漆。割漆很讲究刀法，从夏至开始、寒露收刀，一棵漆树在有生的20年中至少要遭受1000刀，每个漆口最多流出2两漆。

关于坝漆，还有一个美丽的传说，传说有一位漆仙女帮助村民种植漆树，救济贫民。漆树种植起来后，村民的生活越来越好。当地恶霸怀恨在心，诬告漆仙女破坏乡规，要将她捉拿斩首。于是，漆仙女骑着金马逃走，躲进了一扇石门。石门瞬间关上，将追赶她的恶霸挡在了外面。后来，漆仙女变成了人头山，山下的生漆也被取名为"人头漆"。村民遵循"树木知春人迎春，割漆活路有时分"的时节规律，倚靠割漆这一传统手艺，过上了幸福美满的生活。

长坪村

——塘湾兵洞，节孝坊，土地梁卡门，古墓群

长坪村位于利川市谋道镇境内，距谋道镇镇政府约13千米，毗连张家桥村、潘家山村、岩塔村、邓家坪村，海拔1200米，气候温和，资源丰富。长坪梯田分布在海拔1200多米的山腰上，层层叠叠，高低错落，一年四季变幻着迥然相异的色彩与风景，气势磅礴，荡气回肠。长坪梯田是人与自然的完美结合，是祖祖辈辈的长坪村人用勤劳和智慧为大地留下的杰作。

长坪村文化底蕴深厚，保存下来的古迹文物较多。该村的塘湾兵洞建于清咸丰三年（1853年），洞东侧150米有摩崖石刻记述兵洞修建时间、修建者姓名和所费资金，对研究利川长坪一带过去的经济、政治、社会、历史有重要价值。谌满氏节孝坊建于清光绪二十二年（1896年），为仿楼阁式石构建筑。高10.5米，宽7.35米。青砂石结构。为四柱三门三重楼石牌坊，宝塔顶。中门较宽阔，左右旁门相对窄小。在上层的正面直书"奉旨旌表"，第三层额枋横书"节孝可风"，与之对应的背面横书"芳徽足式"。正、背两面均书有"谌孝科之妻满氏节孝坊"匾。

第二层为24节孝人物浮雕组像，造型生动。正面石柱楹联是"乾坤正气留巾帼，纶悖恩光照达衢"；背后楹联是"松柏坚操独标劲节，梅兰清洁漫似孤芳"；侧面石柱上是谌满氏勤俭持家的题记。整座牌坊的文字大部分采用正楷阴刻，少量为小篆阴刻。石柱外有驼峰夹柱石，稳固壮观。中石柱底部两边各有一对高1.5米夹杆石狮。整个牌坊雕刻着以戏剧、花草、民风、民俗、风物为内容的各种浮雕图案及颂扬节孝的楹联、诗词数十幅，技艺精湛，鬼斧神工。土地

梁卡门位于村内四组。它建于明朝,坐南朝北,建筑面积20平方米,是古铜锣关、大兴场经钓鱼滩到长坪的主要通道。

黄承恩墓建于民国八年（1919年）,坐南朝北,占地20平方米。土堆坟茔,周以条石垒砌。坟前墓碑三厢三层抱鼓式,一层嵌墓志,柱刻楹联;二层嵌"寿"匾;三层雕饰屋脊瓦檐。枋上浮雕动物、人物图案。其中石狮和吞口造型在同类墓碑中较为少见,对研究丧葬习俗及祭祀礼仪具有重要参考价值。长坪墓群为清代家族墓地。面积约1600平方米,由向地玺夫妇墓、向钟玉夫妇墓等12座家族墓组成。墓上有墓碑和封土等,造型精美。该墓群对研究鄂西地区的历史文化具有重要参考价值。

支罗村

——"支罗米",罗家岩洞,六也岩卡门

支罗村位于谋道镇长坪,水质甘甜,土壤肥沃,所含微量元素丰富,所产"支罗米"滋润可口,香味四溢,远近闻名。清光绪版《利川县志》记载:支罗米"置少许甑中,即清香扑鼻"。据说,清朝龙潭安抚司在船头寨设立支罗峒后,每年新米出来后,峒主就会将新米作为礼品进贡给当朝皇帝。

关于支罗贡米也流传着一个美好的传说。很久以前,在岩洞里住着一户勤劳的人家,他们起早贪黑,却赶上了天旱,庄稼颗粒无收,当一家人"上天无路入地无门"等死的时候,一位白胡子老汉托梦给他们,叫他们天亮后到屋旁边的一个小洞里去掏,就会掏出米来。天亮后他们一去果然有米,掏出来的米不多不少,刚好供一家人吃一天。一家人衣食无忧后,渐渐懒惰起来,春天村里到处犁耙水响忙耕种,他们一家人却在晒太阳,看到别人秋后丰收了,开始眼红。于是,他们找来钻子和铁锤,把出米的洞口凿大,想多出些米,结果米没出来,却出来一股清泉。一家人又回到缺粮等死的困境。这时,白胡子老汉又来给他们托梦,告诉他们要勤劳不要贪心,就在这股水下开田种地,自己动手自会丰衣足食的。于是,他们听了老人的话,开始挖土造田,终于又过上了好日子。

支罗村的罗家岩洞规模宏大,气势雄伟。罗家岩洞的洞口朝西,高24米,宽62米,深6~12米,面积约600平方米。洞内建筑建于清末,依洞壁而建。中间主体建筑七列六间,面阔26.3米,土砖封砌,一楼一底,供生活起居;左侧入口处设一牛栏和杂物间;右侧依次为水池、洗衣台、猪舍、厕所。房前是一条长42米、宽7米的院坝。一条古石板道从山脚延伸至洞侧,经崖壁栈道过

卡门与船头寨连接。洞上老树虬枝古藤缠绕，飞瀑高悬；洞前翠竹掩映，林木葱茏，山花遍地，是该地区传统穴居的典型代表。

六也岩卡门修建于清同治年间，卡门坐西南朝东北，建筑面积120平方米，系青砂石垒砌而成，周围山势险恶，四面绝壁，沿与崖口平齐。现存隘墙长3米，高4米。卡门上存有一副门联，上联"十二危峰东川保障"，下联"三千远路南浦雄关"，横批"天地无边"。"十二危峰"指巫山神女峰等十二山峰；"三千远路"指卡门离古成都府三千里路；"南浦"指卡门属古南浦县管辖。

参考文献

[1] 湖北省利川市地方志编纂委员会. 利川市志[M]. 武汉：湖北科学技术出版社，1993.

[2] 陈立明，邵天柱，罗惠兰编. 中国苏区辞典[M]. 南昌：江西人民出版社，1998.

[3] 贺彪著. 湘鄂西红军斗争史略[M]. 北京：华夏出版社，1988.

[4] 彭振坤. 历史的记忆[M]. 贵州：贵州民族出版社，2003.

[5] 县志编纂委员会. 万县志[M]. 成都：四川辞书出版社，1995.

后记

  利川市传统村落承载着利川人民的历史记忆、生产生活智慧和文化艺术结晶，寄托着利川人民的乡愁，延续着利川人民的根脉。为了进一步保护利川市传统村落，在恩施州政协统一领导下，利川市政协组织开展了利川传统村落调研和资料编写工作，深入挖掘、系统整理了利川市传统村落的物质文化遗产与非物质文化遗产等资料。

  此次村落调研和编写工作由利川市政协组织，中南民族大学课题组协助完成。在利川市政协的精心指导下，课题组多次召开会议，拟订调查提纲，选择调查地点和安排调查计划，最终选定利川市境内的纳水村、鱼木村、金龙村、高仰台村、张高寨村、老屋基村、野猫水村、海洋村、黎明村、龙泉村、石板村、双庙村等传统村落作为此次调研的对象。课题组分批次派小组到各个村寨进行了全面细致的实地调查，与当地领导干部和广大村民进行了座谈、访问，收集了大量丰富的第一手田野资料，梳理了每一个村落历史文化变迁的轨迹。在写作的过程中，课题组还详细安排了写作计划，认真完成每一个村落的写作工作。期间，课题组组织各负责人多次开会交流沟通，并且随着任务要求的变动，进行了多次修改与完善，几易其稿。因此，本书的编撰完成，课题组各位成员应当说付出了大量的劳动和心血。

本书主要包括12村寨和附录中10个村寨的概述。各村落介绍尽量凸显每一个村落历史和文化，尽量发掘每个村落的文化亮点，尽量避免类型和特点的重复。当然，利川市传统村落很多，类型、特色各有不同，各个村落都值得大书特书，但由于篇幅有限，在选择村落时不得不忍痛割爱。

本书得以面世，得益于多方帮助。在资料收集、整理与书籍编写的过程中，恩施州政协、利川市政协、利川市文化和旅游局、利川市住建局等部门给予了大力支持；中南民族大学调研组在调查和写作过程中付出了辛勤劳动；当地村民、乡镇政府工作人员与村委会对调研活动给予了无私、热情的帮助。此外，本书在校对与排版过程中，也得到了专家们的评阅与修改。在此，课题组对在本书写作及出版过程中给予指导和帮助的各位领导、专家、学者和村民表示衷心的感谢。但愿本书的出版，能为中国传统村落保护工作提供借鉴与思路。

当然，由于各位作者的写作风格不同，调查感受不同等，部分村落历史文化特点还挖掘不够，内容不够充实，挂一漏万的现象还存在，文字表达也有不够精确到位的地方。总之，水平有限，不足之处在所难免，敬请各位专家、学者和读者批评指正。

编者

2021年9月